张振祥 著

破解中小企业“短命魔咒”

经济管理出版社
ECONOMY & MANAGEMENT PUBLISHING HOUSE

图书在版编目（CIP）数据

兔子兵法：破解中小企业“短命魔咒”/张振祥著. —北京：经济管理出版社，2013.3
ISBN 978-7-5096-2381-7

Ⅰ. ①兔… Ⅱ. ①张… Ⅲ. ①中小企业—经济发展—研究—中国 Ⅳ. ①F279.243

中国版本图书馆 CIP 数据核字（2013）第 053980 号

组稿编辑：何　蒂
责任编辑：杨国强
责任印制：木　易
责任校对：李玉敏

出版发行：经济管理出版社
（北京市海淀区北蜂窝 8 号中雅大厦 A 座 11 层　100038）
网　　址：www. E-mp. com. cn
电　　话：（010）51915602
印　　刷：三河市延风印装厂
经　　销：新华书店
开　　本：720mm × 1000mm/16
印　　张：14.75
字　　数：193 千字
版　　次：2013 年 5 月第 1 版　2013 年 5 月第 1 次印刷
书　　号：ISBN 978-7-5096-2381-7
定　　价：39.00 元

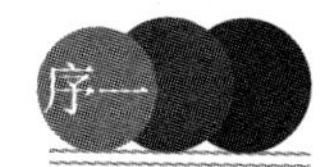

贩卖“健康经”的企业医生

我明天要从纽约飞到俄亥俄州的戴顿大学参加信仰与商业教育国际研讨会，这时张振祥传给我即将出版的《兔子兵法》书稿，要我为其写序。我答应下来，不仅是由于 30 多年的友谊，而是为振祥 10 年的坚守和坚持而感动。

在人心浮躁、物欲横流的时代，还能一意孤行、坚守信念的人，在通常人的眼里，无疑是个异类。信仰缺失也正是多年来商业教育中忽视价值观教育的结果。

自办诊所，用所学的知识为企业看病是张振祥 10 年前就有的想法，当初朋友之间传为笑谈。内敛的振祥并不辩解，在积蓄 5 年力量之后终于实现了他的梦想，创办了中国第一家职业化的企业门诊——中鼎营销咨询。

让人钦佩的是，张振祥并没有急着让门诊挣钱，而是首先从容地在《中小企业管理与科技》杂志开设起“企业门诊”栏目，继而在河北省中小企业服务中心启动“企业健康管理”培训课程，然后又出版《企业健康管理手册》。其间尽管客户络绎不绝，偏执的振祥并未中断自己的学术研究，直到《兔子兵法》初稿发给我，我才真的感到老友是赌了后半生——在做一件让人肃然起敬的事，他是在把营利性咨询办成半公益性研究事业。

企业生命周期短，在中国一直是一个沉重的问题，解决这个问题需要社会环境、企业生态和管理水平的系统改善。过去30多年的历史证明，市场化的成分越多，企业的竞争力越强；政府的干预越少，企业的活力越旺；企业家的产权越有保障，企业家对企业的扩大再生产投入力度越大。在市场化和产权保障解决之后，企业家素质与管理水平就成了影响企业生命周期的决定性因素。从这个意义上讲，张振祥的企业门诊正逢其时。

与常规的以诊疗企业病为主要服务内容的咨询公司不同，中鼎营销咨询率先将中医系统医疗理念引入管理服务领域，提倡扶正祛邪，强调从企业的价值观入手以重建企业的经营理念，用价值观和企业文化再造企业组织架构、发展战略、市场定位和管理流程，最终解决企业的系统执行力和持续盈利能力问题，《兔子兵法》就是对这种管理理念的全面阐释。

30多年来，推动中国管理学研究与实践发展的力量主要有两支：一支是学贯中西的学院派专家，另一支是久经沙场的实战经理人。但真正能够理出逻辑而且还能给出结果的人，其稀缺程度不亚于熊猫，本书作者就是这样一位深入企业内部贩卖“健康经”的企业医生。

这本书呈现的是管理案例，作者希望读者从案例中找到系统解决问题的钥匙，至于在文字背后读者是否能与作者共鸣，我想应该留待读者阅读后给出自己的评价。

北京中医药大学管理学院教授

美国西东大学访问学者　侯胜田

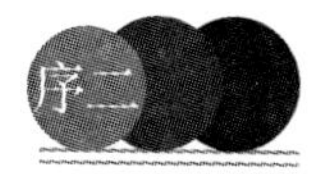

序二

十年来，我天天思考的都是失败，对成功视而不见，也没有什么荣誉感、自豪感，而是危机感。也许是这样才存活了下来，我们大家要一起来想，怎样才能活下去，也许才能存活得久些。

——任正非

如何在险象环生的自然世界中生存下去，每一种生物都有自己的一套生存法则，弱肉强食是自然规律。生物学家说：存活最久的生物是那些简单的生物，复杂的生物在变化无穷的生存环境中很难存活下来，因为它需要复杂的生存要素和条件，当满足不了时必将死亡！兔子以草为食，低调、狡猾、超强的适应能力，让它一次次躲过生存危机。

从特定视角看，中国的中小企业在很多方面都与兔子相像：生存的巨大压力、行事低调、战战兢兢、如履薄冰。做民营企业，难；做民营企业中的中小企业，更难。自改革开放以来，中国涌现出了大批的民营企业，其中也有曾经盛极一时的名企业，然而，这些如雨后春笋般冒出来的民营企业却大多中途夭折，惨淡收场。翻看中国民营企业的历史，平均寿命不到 3 年，据说存活 10 年的不到 5%。总结其原因主要有两个：一个是外部生存环境问题，另一个是企业自身问题。

相对于大企业来说，中国的民营企业尤其中小企业是在夹缝中生存。门槛高、行业垄断严重、资源难找、融资难成为中小企业发展的瓶颈。外部环境给了这些企业非常大的制约，要想生存，必须调动所有智慧，像兔子一样，时刻保持警惕！除了恶劣的外部环境，中小企业自身也存在很多问题：企业创业初期，历尽重重困难，初步站住了脚跟；在企业发展时期，有许多很好的企业，常常因为盲目投资，或者经营的目标有问题，或者投机取巧，一味追求个人影响，出风头，最终导致企业失败。这样的例子并不少见。同样，也有不少企业在激烈的竞争环境中，依靠自我调节，把企业做得很好，如同兔子一样：嗅觉灵敏、行事低调、未雨绸缪。

本书选取了中国民营企业的代表，以兔子作比喻，深度剖析了中国民营企业的兴衰成败，文中案例丰富翔实、语言幽默风趣，没有企业管理类著作的晦涩难懂。它在给你讲述一个个曲折动听的故事，娓娓道来，深入浅出，伴随着悠闲与惬意，为你打开一幅成长中的中小企业的历史画卷。

石家庄功倍重机有限公司董事长兼总经理 杜军杰

名词解释：

企业门诊：企业门诊（英文 business clinic）是专业诊断治疗企业疾病、维护企业健康的服务机构。目前中国、英国、美国、印度、肯尼亚、葡萄牙、南非等国都已开设类似的专业机构，如北京的华佗企业门诊，河北的中鼎企业门诊，部分专业杂志（如《人力资源》杂志、《中小企业管理与科技》杂志）、报纸（如《江门日报》）借助企业门诊的形式开设专栏提供管理咨询服务。

企业健康管理：企业健康管理（英文 business healthcare）是以促进和维护企业健康生存与发展为核心的经营管理理念、机制和管理模式，是继科学管理和现代管理之后，当代企业家和管理人对管理学的创新和贡献。中鼎营销咨询于 2009 年发布《企业健康管理手册》，并明确了企业健康管理的基本理念和健康管理服务的主要内容与形式。另外，部分从事员工体检服务的机构把对员工的身体健康管理称为“企业健康管理”。

“活蹦乱跳”的学问与艺术

把中国企业比做兔子是我6年之前的一个灵感，那时我还在北京从事跨国企业的中国市场调研与战略咨询服务，我和我的同事在对比国外大型企业的生存与发展模式后，感到很有必要研究中国企业健康生存背后的共同特征。因为这些特征承载着企业家的智慧，更雕刻着施政者的作为与干预。把中国企业比做兔子是因为中国企业与兔子有着太多的行为共性，比如敏感、胆怯，比如行事低调小心，比如注意周边生态保护与睦邻友好，比如按捺不住的繁殖能力（多元化尝试），比如机会来临时的快速奔跑，比如高储备、低消费，比如对大机构、烦琐制度与规章的厌倦与抵制，比如脆弱的生命与缺少健康关怀的环境，等等。

由于中国改革开放到今天只有30多年的历史，也就是说中国企业具备持续生存与发展的土壤与环境或许还超不过这个时长。尽管数千年的中华文明史令世人敬仰，但我们鲜有持续、稳定的发展环境和扶商、重商的社会及人文氛围。无怪乎吴晓波先生用“跌宕100年”和“激荡30年”来概述中国的企业史进程。“栽什么树苗结什么果，撒什么种子开什么花。”我们的企业进化经历了企业家身份、资产及经营模式被打击、被质疑、被审视、被确认、被鼓励、被国进民退的过程。因此，踏入创业圈的人们一直有一种像兔子一样不被人认同、不被人高看，甚至随时有可能被清算、被剥夺的不安全心理。在这种心理与文化支配下，中国企业缺乏成长的战略，更多地忙于生存的智慧。

到现在为止，研究人员对中国企业的研究结论就是寿命短、急功近利、战略缺失。相当多的学者将此归结为"兴办企业的人"受教育程度不够，缺乏长远打算、管理理论及道德素养。1997 年，全球知名研究公司盖洛普对中国市场的调研结果显示，中国企业具有缺乏商业逻辑和市场规律约束、技术含量低、寿命短三大特点。中国民营企业平均寿命只有 2.9 岁，还不到 3 岁。2000 年，著名财经作家吴晓波在《大败局》一书中总结中国企业的失败原因包括："缺乏道德感和人文关怀意识……缺乏对规律和秩序的尊重……缺乏系统的职业精神。"

研究企业的病象和失败原因有助于留下路标、铭记教训。但数以千万计的中国企业更需要生的基因、活的智慧和成长发展的路径与方法指导。作为国内企业养生保健学研究的发起人、国内首家企业健康管理机构和管理诊断机构咨询顾问，我通过近 18 年来潜心研究中国本土环境下企业健康生存与发展的道路与策略，探索成功企业的内在动力和传承基因，2010 年率先发布《企业健康管理手册》，明确自己的企业养生健康理念。《兔子兵法》是我 10 多年来对本土企业生活方式研究、培训和咨询工作的总结和汇报。

本书分四篇十二章，模拟兔子成长介绍中国企业的发展历程，其间既有外部气候与生态的成熟与完善过程，也有企业自身的市场定位、竞争战略、组织制度和企业文化从选择到成熟、稳定的进化过程。本书所选正面案例主体企业至少有 10 年以上健康成长历程，大多数企业是具有 20 年以上发展经历、经营业绩不断增长且现今仍然处在高速成长期的市场化运营企业，它们适应中国政治经济的逐步开放过程，分别选择了嗅觉引路、草根求生、积善成财、狡兔三窟、专心专注、自创江湖、顺天应时、轻身瘦体、德道多助、拿来主义、速度制胜、让兔子飞等与兔子风格相似的活法，这些活法虽然不能普世通用，但充分反映了中国企业的适应能力和灵活策略。低调为安，睦邻求和，厚积应变，不战而无敌于天下，多元为避险，趋势逐良机，快速赢先手，“拿来”省时间，轻身好加速，“德道”路自宽，四海之内皆兄弟，顺风飞扬到明天。本书作者在这些健康企业的故事背后，发现中国健康生存的企业有以下几个方面的共同特征：

（1）核心价值观。健康的兔子都有一颗倔强的心。健康的企业都有着不容挑战的价值观。不管是海尔、联想，还是腾讯、阿里巴巴，它们都在价值观的确立、维护和更新上做出了艰辛的努力，付出了常人难以承受的代价。价值观是企业的信仰和灵魂，没有信仰的企业就像没有定力的浮云，很容易因欲望和诱惑堕落，也很容易被霹雳或惊雷穿透。

（2）明确的战略。健康的兔子都有一双穿越未来的慧眼，健康的企业是企业家商业天赋与事业远见的实践；庸者算胜负，智者见存亡。天赋与远见构成企业的战略，战略不是目标的数字化，而是企业对未来的承诺和投资。复星集团多元投资是战略，万科地产专注住宅建设也是战略，万达细分商业地产行业、亚都开辟室内优质空气新领域更是战略，红海搏杀，血雨腥风，蓝海行舟，不战而胜。

（3）清晰的定位。健康的兔子脚踏实地，健康的企业紧贴民生。健康的企业不为产品找客户，而为客户找产品。它们在改善民生的某个侧面找到自己的生存空间。饿了吃鹌鹑蛋，渴了喝娃哈哈，吃肉找新希望，借钱找民生银行，希望集团、娃哈哈是草根经济的典型代表，它们挠到了民生的痒痒，借此找到了生存的基点。

（4）流程化、制度化管理和法治精神。健康的兔子求生有道，信守丛林法则。健康的企业内治以章，外治用法，奖惩有度，传承有序。健康的企业成功是必然，失败是偶然；健康的企业敬畏制度的权威而不是职位，崇尚团队合作而不是个人英雄。财散人聚，财聚人散，慧聪的劳动股份制和华为的《公司基本法》都是企业制约决策人权力、明确员工中长期利益的法制化尝试，尽管没有包治百病的良方，但按方抓药符合医理；没有一劳永逸的制度，但照章执法是摩擦最小、风险最低的治企逻辑。

（5）专心、专注、专业。健康的兔子只做适合自己的对的事情，不让花花世界分散精力。健康的企业集聚专业人才和专业资源，提供专业产品或专业服务。格力专做空调，成就全球第一；百度只做搜索，在中国没有企业能敌。敢闯雷区是一种魄力，拒绝诱惑是一种定力，对专注者而言，时间是一只无形的推手，不知不觉中把你的核心能力发挥到极致。

（6）顺天趋势。所谓顺天是指顺应政策、社会和经济规律，趋势是指符合技术和市场发展趋势。健康的兔子在对的时间、对的地点出现。健康的企业是客户需求的发现者、创造者和解决方案的提供者。健康的企业是社会的奉献者，是民生的改善者，是问题的解决者。系统地、批量地、专业地解决问题是健康企业的优势和特征。列入本书健康企业案例的 20 多家企业无一不是改革开放的政治氛围、持续增长的市场需求以及倾向鲜明的产业政策的受益者，行业准入、产权界定、人才流动、资本与证券市场开放、进出口经营权放开、物价随行就市、中国“入世”等有利于市场经济发展的宏观政策的制定与实施，都方便了企业的自我经营，助推了企业的快速发展。

（7）资源包容与整合能力。健康的兔子都有一个包容、吸收而后再造能力很强的胃口。健康的企业是机会、人才、资源的高效整合者。企业健康运营不是靠胆大、嘴大，也不是靠胸怀宽广，而是靠强健、高效的消化吸收系统，即资源整合系统，只有对初级资源进行包容吸收进而再造成积极的能量、营养和价值，企业才会更健康、更有竞争力。海尔海涵五洲市场；联想包容跨国文化；

腾讯技术通吃，构筑 IT 巨无霸；阿里巴巴着力“三通一平”，誓做电商商务和物业服务平台。

（8）创新求变的文化。健康的兔子在上进中成长，健康的企业在变化中进步，在技术、市场和制度创新中赢得更多的生存资源和发展空间。“新”是形式，但不是目的；“变”是表象，但不是本质。求变是在贴近客户需要营造更适宜的沟通与接触环境；创新是在用天天向上的技术、市场和制度变化为客户提供更满意的消费或投资体验。从新南都的陈发树到辣酱巨头老干妈，从汽车疯子李书福到创新工场李开复，在这些持续发展的企业和企业家身上始终洋溢着上进的力量和创新的激情。坦白地讲，这不仅仅是一种态度和风格，而是一种生活方式，这种生活方式正在而且必将改变百姓的生活和企业的未来。

明略、定位、得法、专攻堪称内功，顺天、趋势、合和、创新彰显外力，凝聚并领导前述十六个字的灵魂是一颗倔强不变的心，也即企业的核心价值观。心不定，则业不立；内功不到，则无以克敌；外力不足，则士气难振。故外力、内功加上核心价值观浓缩了中国企业的健康基因。心志定存亡，内功主元气，外力决盛衰。展示企业健康基因构成的图谱（见图 0-1）可供企业家和企业管理咨询机构在企业诊断和企业健康管理体系建设中作为基本的管理工具。

本书选取部分非正常夭折或出现重大危机事件的企业作为对照案例，以突出健康管理机制对企业安全运营和健康成长的重要价值。列入对照案例的企业曾经有过耀眼的辉煌，它们身上同样凝聚着弥足珍贵的创业勇气和不可多得的企业家精神，它们的弱点和缺陷有着鲜明的时代和环境烙印，它们的失败和危机既有内部机制和企业家性格缺陷的因素，也有中国企业制度和监管、引导政策的快速建立、完善过程中不可避免的试错代价。因此，从客观意义上讲，无论是先锋还是先烈，都是中国企业发展史上值得尊重和敬仰的领导者，作为中立的管理咨询实战辅导专家，本书力避单纯以成败论英雄，凭好恶说是非。在

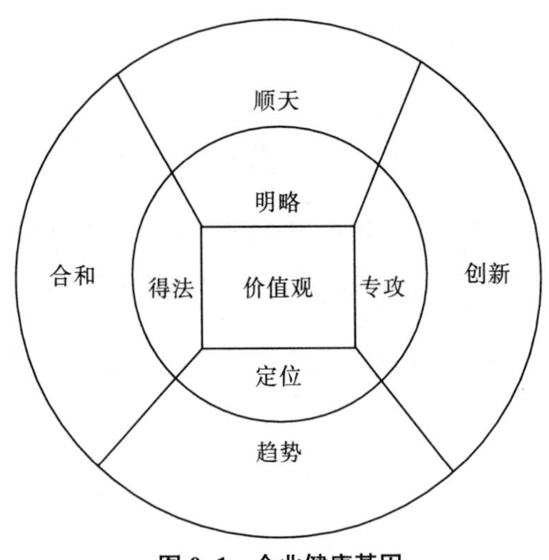

图 0–1　企业健康基因

改革开放这场令全球瞩目的经济试验中，每一个企业的出生、发展、病变、衰落都是积极的、建设性的决策基数和参照样本。无论是成功还是挫折，丝毫不能泯灭企业家身上创造性的智慧和永不放弃的精神。这种案例对照不足于定论企业的功过和企业家的是非，只是从企业健康角度提供的对比描述。

与《孙子兵法》不同，《兔子兵法》不是一部专门研究军事的著作，读者从本书中找不到阴谋韬略和诡诈计策，找不到损人的智慧，更找不到杀人的工具。《兔子兵法》主要研究现代中国企业的健康基因和生存智慧，其中包括企业的核心能力构成以及企业有效整合内部、外部综合资源的能力构成。如果说《孙子兵法》是战国时代频繁战争的催生品，那么，《兔子兵法》则是改革开放以来，中国企业在复杂环境中由野蛮生存到文明发展的路径总结，是中国企业和企业家适应社会、挑战规则并进一步影响规则的过程写照。本书采用案例解析的方式叙述并证实中国企业健康生存的既有事实和可复制性。

不容避讳的是，《兔子兵法》的构思确实受惠于《孙子兵法》的启发，相接相承的是两部书都在研究资源的组织与整合，前者讲的是军事资源，后者讲的是市场资源；前者讲的是攻城略地，后者讲的是图存图强。《孙子兵法》给了中华民族几千年的克敌制胜之术，并将作为中华文明的绚丽瑰宝世代相传。我斗胆希望《兔子兵法》能够给在生存忧患中拼命挣扎的国内中小企业提供一丝突围的思路和健康长生的期望。特别希望随着国力的强盛、经济的繁荣和制度的完善，“兵法”一词从国人脑海中弱化直至消失，替代它们的是健康锦囊和养生智慧。

《兔子兵法》是中国企业生存与发展的路径浓缩，又何尝不是改革开放以来中国社会在全球复兴与崛起的写照。韬光养晦深挖洞，厚积薄发广积粮，风调雨顺人心聚，国富民强不称王。中国经济的持续稳定增长最终将依赖于贴近民生需要、容纳民众就业的主要社会器官——企业的长期兴旺与发达。从这个意义上讲，研究企业的健康基因，探索延伸企业生命周期的方式，才能真正抓住促动社会持续发展的经济抓手，而转变经济增长方式应该从政府角色调整换位开始，以资源和资本驱动的增长方式应该让位于技术创新和服务创新的增长方式。与此同时，政府角色需要从主力队员兼裁判的角色退身为资源配置者、平台搭建者和职业裁判员，主要担当帮助企业优化产业生态、规范游戏规则、改善管理机制、提高运营效率的责任。

张振祥

2012 年 6 月 5 日于石家庄

名词解释：

企业健康管理：企业健康管理（英文 business healthcare）是以促进和维护企业健康生存与发展为核心的经营管理理念、机制和管理模式。是继科学管理和现代管理之后，当代企业家和管理人对管理学的创新和贡献。中鼎营销咨询于 2009 年发布《企业健康管理手册》，并明确了企业健康管理的基本理念和健康管理服务的主要内容与形式。另外，部分从事员工体检服务的机构把对员工的身体健康管理称为“企业健康管理”。

企业健康基因：“企业 DNA”，最早是由美国管理大师、密歇根大学商学院教授 Noel Tichy 提出的，他把企业比喻为一种活的非自然生物体，与生物一样有自己的遗传基因。正是这个基因，决定了企业的基本稳定形态和发展，乃至变异的种种特征。本书在国内管理界率先提出企业健康基因图，用于指导企业诊断和管理改进。

目录

第一篇　低就高成

企业是寻找并实践盈利模式的组织。百姓衣食住行的改善是中国经济起步与发展的基本动力。第一代企业家从社会的边缘或底层走来，他们弯下腰扎到生活深处，在“鸡毛换糖”的过程中找到财富的真谛。

第二篇　不战而胜

在不成熟的企业生态中建设健康的企业本身就是一种苛求和挑战，健康企业的成功之处就在于比别人更先看到规则游戏的底线和边界，在规则改变之前抓住机会，在规则改变之后找到出路。

第三篇 合力赢心

健康企业是一个领导力主导的商业组织，是企业结合国情和市场规律确定的系统的组织和管理模式。健康企业的共同特征就是将坚强而有效的领导力建立在贴近国情、顺应人心和符合商业规律的运营管理体系基础上。

第四篇 无远不届

企业家通过企业行为表达自己对生活的态度。健康企业基于企业家对本土和世界、对现在和未来的深刻认识和乐观预期。健康企业的共同特点是建立在明确而坚定的价值观基础上的强烈使命感，这种价值观保证他们抑制私欲，拒绝诱惑，坚守自己的事业道路，强烈的使命感则驱使他们不断超越自我，创造奇迹。

附 录 华为公司基本法

参考文献

后 记

第一篇 低就高成

在动物世界里，兔子以低调著称，它们长期蛰伏于树林与草丛之中，挖穴而居，食草嚼菜而生；不张狂、不嗜血、不招摇、不霸道。野蛮成长，勤俭生活。在自然界的变化过程中，兔子是最容易受到伤害的动物之一，饥饿、寒冷、瘟疫，其中的任何一种灾难降临都会让大片的兔子倒下；动物战争、人类狩猎又时时威胁着兔子的命运；沙漠化、草原地区开发不断地逼迫兔子家园拆迁。正因为如此，兔子被公认为寿命较短的动物，通常寿命在10年左右，但相当多的兔子在3年左右丧生。

突破短命魔咒，让兔类过上更健康、更有期待的生活，是兔王和它的弟子们多年的愿望。于是，聪明乖巧的兔子Kubi受兔王委托遍访神州，拜名家，寻妙方，求解健康生存、延年益寿的秘籍。低调的Kubi告别兔王和亲友，走出洞穴，匆匆踏上探宝之旅。

第一章　陈发树的“嗅觉”与老干妈的“秘方”

世上都说兔子好，寻寻觅觅总逍遥；

世上都说兔子好，鼻子领着眼睛跑。

第一节　神奇的“导航”分子

新华网 2003 年 7 月 4 日报道：法国科学家对母兔奶水中挥发出来的各种化学成分进行了分析，而且对母兔和幼兔的行为进行了研究，结果发现有一种分子起到了通过嗅觉为幼兔“导航”的作用。研究人员把这种分子称为“乳头信息素”。

负责这一项目的法国国家科研中心科学家斯卡尔说，母兔在哺乳期都会分泌“乳头信息素”，而幼兔则具有接收这一信息的相应嗅觉系统。在“乳头信息素”的帮助下，虽然母兔每天回窝次数很少，而且每次只停留 3~5 分钟，但初生幼兔仅用几秒钟就可以找到乳头并开始吮吸。

到目前为止，科学家只发现兔子能够分泌“乳头信息素”，还未发现其他雌性哺乳动物具有这种能力。天赋的嗅觉帮助幼兔找到母亲的乳头；帮助小兔隔着土墙闻见洞外青草的气息；帮助成年的兔子隔着丛林闻到虎狼的血腥。

第二节　通过鼻子“看”世界

与动物世界相似，中国社会同样是一个特别需要嗅觉的社会。鉴于中国地域辽阔，民族众多，至少几十种语言、上百种方言在民间交流中应用，加之不同的语境和传播工具可能造成的信息失真，人们需要通过鼻子一样的直觉发现事实和真理。于是，鼻子成了生活的新领导，鼻子指给我们觅食的方向和路径，鼻子给我们揭示腐败与恶臭的隐身之地，鼻子告诫我们血腥与火药的来路和去向。日常生活中常有“看走眼”之说，却很少有“闻错味儿”的时候，似乎鼻子比眼睛更可靠。

财经作家吴晓波这样描述中国特色的商业环境：“在过去的30多年里，中国一直处于一个剧烈的转型时代，法制在建设和完善之中，冒险者往往需要穿越现行的某些法规才能成功，这造成很多企业不时运行于灰色的中间地带，企业家不可避免地遭遇商业之外的众多挑战……对于在竞争中处于弱势地位的民营企业家来说，他们必须学着去警惕及防范纯商业思维之外的种种风险。”健康的企业通过灵敏的嗅觉系统感知风险、发现机会，并能在最短的时间内组织资源妥善应对。

第三节 嗨，你嗅到钱的味道了吗

“变革总是从生活底层、从社会末梢开始。中国最近 30 多年的改革开放史又是一部农民启蒙干部、农村推动城市的历史。”

——Kubi 日记

海风传喜讯，孔雀东南飞。使命在身的 Kubi 把寻访的第一站设在东南沿海的福建安溪，安溪位于福建东南沿海，晋江西溪上游，厦（门）漳（州）泉（州）金三角西北部，隶属泉州，是福建泉州市辖县，中国茶叶基地之一。安溪盛产乌龙茶，其珍品“铁观音”远销 30 多个国家和地区。

传说清朝雍正年间，像是上天馈赠一样，突然在南岩山脉某一岩石底下发现一棵独特香味的茶树，而且这独特的茶树独独只能在安溪赤红的土壤里、常年的雾气中才能长成并吐露特有的芳香。原来不适宜种植粮食的土地成为这种比粮食值钱很多的植物最好的产地，也因为这种天成的垄断，铁观音从清朝开始就是安溪老百姓最主要的经济收入来源。

铁观音的传说令人着迷，但 Kubi 的寻访对象——陈发树却是一个不喝铁观音，更不以铁观音为生计的异类。陈发树身上唯一与茶叶关联的因素，就是他与超级茶师一样拥有独到而神奇的嗅觉。

1982 年，福建安溪的陈发树用免费劳工换取了一张到厦门的火车票。这是他第一次看到农村以外的世界，也正是这次经历给了其赚钱的启发，他凭借自己在农村林场还算不错的信誉搞定了两车木材，运到厦门，赚了 1000 多元钱。

30 多年的政府配置型计划经济长期封锁了人们的视野和思想，地域差、时间差、信息差构成不对称的需求空间，为商业起步提供了机会，市场经济从市场资源自由对接开始。简单的生意跟着独特的嗅觉悄悄上路了。

从汽车运送到火车托运，一直到 1986 年，陈发树把自己做成了泉州最大的木材供货商。这一年，他拥有了自己在厦门的第一套房子。然而，不甘寂寞的陈发树一年之后就把房子抵押担保买了一辆三轮摩托车，用摩托车和他的两个弟弟为一家小百货店拉货，并在不久后将店面盘下。由此，陈发树与百货结下不解之缘。也就是这个不足 10 平方米的小店，成了陈发树日后叱咤风云的“新华都百货”的雏形。

木材商人并没有因木头的熏陶而迂腐，商业的嗅觉一直被财富的奶酪所牵引。

在百货零售领域，陈发树找到了自己新的奶酪。此后八年的时间，陈发树一直潜心经营着那个慢慢扩张的百货店。1995 年，陈发树把自己的小百货生意扩展到了福州，在当时福建商业老大——东街口百货集团隔街相对的位置开设新店，这就是新华都的发源地。

从运木材到做百货，从送货人到百货店主，陈发树实现了从行商到坐商的跨越。在百货零售业残酷的竞争中，陈发树表现出了一个杰出商人的定力与恒心。陈发树像一个幸运的兔子乘着中国经济持续繁荣的电梯在寂寞与兴奋中高速上行。

后来，陈发树相继成立火车站新华都商城、厦门湖里区商场、五四路新华都购物广场。1997 年，新华都经改制重组，诞生了今天的新华都实业。

免费劳动 = 车票 = 进城机会 = 1000 元利润 = 贩卖木材商业模式 = 更多更好的商业机会。生意对于陈发树而言就像在琴弦上舞动的手指，不时地捕捉和谐而又动人的音符。

后来，陈发树借紫金矿业改制机会通过新华都集团及其下属公司出资 4800

万元现金，拿到了33%的股份，成为紫金矿业的第二大股东。2003年，紫金矿业上市，新华都所持股份市值突破10亿元；2008年4月，中国打工皇帝唐骏高调出任新华都总裁，陈发树和他的新华都集团名噪天下。

在安溪县志上，陈发树的介绍是这样的：陈发树，1961年生，福建安溪县祥华乡福洋村人。新华都实业集团董事长、武夷山旅游股份副董事长、紫金矿业董事等。1987年在厦门经营日杂起家。1995年到福州开办“新华都百货”。2000年9月入股紫金矿业，目前持股20.19%，为第二大股东。2003年，陈发树介入房地产开发，并参股了筹备上市的武夷山旅游。2008年4月，新华都集团宣布正式聘请唐骏出任集团总裁，唐骏素有“打工皇帝”之称，此次加盟新华都集团，将获价值10亿元的股票期权。2009年5月7日，福建首富陈发树以2.35亿美元接手青岛啤酒7%股权。2009年9月10日与红塔集团签订了《股份转让协议》。陈发树此次受让股份共6581.39万股，每股转让价格为人民币33.543元，转让总价款约为22亿元。陈发树再豪掷22亿元，持有云南白药6581万股，成为云南白药的第二股东。2010年1月29日，新华都以3200万美元（约合人民币2.18亿元）收购奔腾电工19.9%的股份，成为奔腾电工第二大股东。 2009年，陈发树以218.5亿美元个人财富位列2009福布斯中国富豪榜第11名，连续多年成为福建首富。

铁观音的馨香让安溪名闻世界，陈发树的故事带给Kubi的震撼远远超出铁观音。就像中国人在世界上因勤劳而备受尊重一样，兔子在动物中堪称勤快而敏捷。可惜，当我们还在重复“一分耕耘，一分收获”的信条时，游戏规则已经悄悄改变——绩效已经替代劳动成为分配的主要砝码。你做了什么不重要，你做对了什么很重要；你付出了多少不关键，你创造了多少价值才最关键；你耕作多么辛苦固然值得同情，但如果选错了种子，甚至再错过播种、收获的最好时机，你就是最辛苦的罪人或废人。从木材贸易到百货零售，从零售连锁到股权投资，陈发树的转型升级令人眼花缭乱，涉猎如此多的陌生领域陈发树如何风生水起、游刃有余呢?

从嗅觉角度分析，对于同一种气味物质的嗅觉敏感度，不同人有很大的区别，有的人甚至缺乏一般人所具有的嗅觉能力，我们通常叫它为嗅盲。不具备商业嗅觉的人，被称为缺乏商业天赋，在商圈里折腾常常事倍功半。对企业家而言，产品及行业只是载体，嗅到企业价值并长期坚守价值投资原则就是成功的一半。陈发树的智慧就在于他比我们更早地嗅到规则的变化，而且比其他人更早地抢到合适的种子和播种、收获时机。

Kubi 跟着嗅觉前行，不知不觉进入贵阳。贵阳属于亚热带湿润温和型气候，夏无酷暑，冬无严寒，年平均气温为 15.3℃，年平均相对湿度为 78%，贵阳环城林带提供了富足的负氧离子，博得了“上有天堂，下有苏杭，气候宜人数贵阳”之美誉。2007 年，贵阳市被中国气象学会授予了“中国避暑之都”的荣誉称号。

贵阳不仅气候宜人，还与明代哲人、大思想家王阳明有着不解的渊源。500 年前的明正德元年（1506 年）10 月，时任兵部主事（相当于当今的中央军委总参谋长）年仅 35 岁的王阳明因“抗上”之罪，在招致“廷杖四十”的羞辱惩罚后，被驱逐出京城，谪贬数千里外的贵州龙场（今贵阳市修文县）当龙场驿驿丞（掌管驿站中仪仗、车马、迎送之事，不入品）。在此后的两年间，他处于逆境之中“居夷处困”，整日“端居默坐”，默记《五经》要旨，领悟孔孟之道，省度程朱理学，从而摆脱了“以经解经”的羁绊，大彻大悟，创立了享誉海内外的“知行合一”的阳明学说，因此贵阳被称为“王学圣地”。

当然，Kubi 来到贵阳，并非只来拜谒“王学圣地”，体验“避暑之都”，而是接着寻访第二个传奇企业家——“老干妈”陶华碧。贵阳政府官网介绍老干妈的企业时称赞它是“贵阳造”的代表。

1989 年，陶华碧为养家糊口，用省吃俭用积攒下来的一点钱，在贵阳市南明区龙洞堡的一条街边，用四处捡来的砖头盖了个简陋的“实惠饭店”，专卖凉粉和冷面。

为了赢得顾客，陶华碧冥思苦想，琢磨出了别人没有的“点子”：通常别人卖凉粉不过是加点胡椒、味精、酱油和小葱什么的，她却特地制作了专门拌凉粉的麻辣酱。这种辣酱是老干妈多年琢磨的私家调味品，日后成为老干妈公司的发迹“秘方”。

从市场空当中嗅机会，从客户需求中寻价值，超出客户期望提供服务。

老干妈的自制辣酱成为“实惠饭店”的促销佳品和揽客绝招。陶华碧为扩大小店影响，开始向司机免费赠送自家制作的豆豉辣酱、香辣菜等小吃和调味品，“龙洞堡老干妈辣椒酱”的名号在贵阳不胫而走，很多人甚至就是为了尝一尝她的辣椒酱，专程从市区开车来到“实惠饭店”。对这些慕名而来的客人，陶华碧先是半卖半送，后来实在“送不起了”就开始正式对外销售。

把赠品变成商品既需要勇气又需要智慧，把握不好不仅增加不了收入，反而会使先前的顾客流失。从传统的路边饭店跳出来转型为辣酱产品专营店，这是老干妈从客户的喜好中嗅到的机会。如果停留在以饭店为主业的状态，“实惠饭店”顶多成为一家由小到大或者开上几家分号特色饭店，历史上就会失去一个统领千亿元市场的行业领袖。

1994 年 11 月，“实惠饭店”更名为“贵阳南明陶氏风味食品店”，专门销售辣椒酱系列产品。

从有依靠的家庭主妇，到有固定薪资的打工女，再到白手起家的路边店店主，几年之间陶华碧从被圈养，到放养，而后成为完全自谋生路的“野生小兔”。不哭穷，不怕苦，不畏起点低，不怕识字少，老干妈和国内无数个中小企业主一样，在生存压力下踏上创业之路。

辣椒虽小，生意蛮大。世界上著名的辣椒产地有中国、印度、西班牙、墨西哥、智利、摩洛哥、津巴布韦等，而且地球上辣椒分布最多的地区明显连成了一片，成为一条又长又粗的辣椒带：东起亚洲朝鲜，经过我国中南部，向南经泰国到印度尼西亚，向西经缅甸、孟加拉国、印度、西亚诸国、非洲北部国家到大西洋东岸诸国。在这条辣椒带上，各国居民大多喜食辣椒，是世界有名的“辣椒食用带”。目前，全球食辣人群已超过20%。在全球6000多万吨干、鲜辣椒总产量中，中国辣椒产量占46%的市场份额。

如今，走进国内主要城镇的商场超市，有辣酱的地方就有“老干妈”。陶华碧，这个没上过一天学的普通农妇创造了一个令人难以想象的致富童话。

2006~2008年，“老干妈”投资1亿元完成一期技改，包括半自动燃气炒锅炒制品工艺及罐装半自动化、流水作业项目，自动广口瓶清洗、消毒、烘干机项目，3.5吨水豆豉技改项目，出口车间技改项目和大型综合库房项目。

技改后，“老干妈”的产能、产值节节攀升——2006年实现产值12.8亿元，2007年实现产值14亿元，一期技改完成后，2008年产值跃升至18.8亿元，2009年19.5亿元。

Kubi点评

有人说，商业是科学，有人却说商业是艺术。坚持商业是科学的人认为商业是可以教会的，坚持商业是艺术的人则认为商业无法传授。客观地讲，商业既是科学又是艺术，商业的物化交易过程即可复制部分能够教会，因此是有规律可循的科学，但商业机会的发现和捕捉则无法传授，甚至不可复制。因此，商业判断与决策需要天赋，需要艺术家灵感和冒险家气质。市场是一所没有围墙的商学院，天赋的商业嗅觉与真抓实干的学习精神练就了老干妈们超越常人的判断力和资源组织能力。企业是什么？企业是个人价值的延伸和升级，企业是盈利模式的车间和载体，企业是 1 + N > 1 的假设和验证。企业的成功，很多情况下都是试错的结果。世上没有不出发就可到达的旅行，更没有没尝试便成功的英雄。老干妈教给我们执著，陈发树演给我们灵活，两个人共同的地方在于“比别人更早地发现并抓住机会”。健康的企业始终要保持对目标市场和利润来源的灵敏嗅觉和快速行动，而所谓的“大企业病”首先是商业敏感的失却和行动的迟缓。

对照案例——莽撞的智慧

《韩非子·五蠹》记载：宋人有耕者。田中有株，兔走触株，折颈而死。因释其耒而守株，冀复得兔。兔不可复得，而身为宋国笑。今欲以先王之政，治当世之民，皆守株待兔之类也。

在现代版守株待兔的故事中，牟其中究竟算是那只撞树的兔子还是那个待兔的农夫很难选择。如果选择撞树的兔子，那么在撞树的兔子中，牟其中无疑是最富悲情的“撞树”英雄。如果选择待兔的农夫，牟其中应当是此类角色中最富智慧的农夫。无论把他比作兔子还是农夫，在被捕入狱前，他被公认为是中国企业家群体中最有个性、最富争议的民营企业家；入狱后，又成为最不服输、最不气馁、广受社会关注的囚犯。

让牟其中声名大震的，是“罐头换飞机”项目。20 世纪 90 年代，牟其中掌舵的南德集团用上千车皮的罐头及轻工业品换回了 4 架苏制 T-154 型飞机，成功地完成了中苏（俄）间当时最大的一笔民间单项易货贸易。在这次生意中，南德集团以少量的投入，获得了巨大的经济回报，牟其中也因此被戴上了“商界奇才”的光环。

在信息闭塞、法制缺位的时候，类似“空手道”一样的机会交易的确有一定生存空间，但是，随着市场信息透明度的提高和国家相关法规政策的完善，特别是企业自主进出口权的下放，靠垄断信息或垄断进出口权的职业外贸公司逐步淡出历史舞台。况且，即便类似的机会还会出现，像南德集团这样以偶然机会作为生存条件或生存方式的公司也难以持续。但此时的牟其中并不自知，有飞机易货贸易所带来的巨大利润作保证，有不断积累的勇气与信心，自认为只要筹划得当，没有南德集团做不成的事。于是，卫星发射、满洲里特区的开发，便成了更大更张狂的目标。现在看来，这两个项目的实施，尽管一定程度上印证了牟其中的魄力与战略眼光，但也是南德商业帝国轰然倒塌的诱因。在这两个项目操作的关键时刻，个性张扬却又谨小慎微的牟其中，还是身不由己地陷入了信用证诈骗的旋涡，第三次走进了熟悉而又陌生的高墙之内。

“牟其中的商业意识在当时的历史条件下显得超前而又孤独，我们现在无意点评老牟每一次坐牢的孰是孰非，但他的每一次行为，总是走在当时的环境和制度的前面，这就是先行者的悲哀和需要付出的代价。”南德集团的法定诉讼代理人夏宗伟这样总结牟其中的前半生。夏宗伟的总结说对了一半，牟其中的确为超越甚至脱离环境而再三地付出代价。但与此同时，牟其中是一个有强烈政治使命感和政治抱负的人，办企业只是他实现政治抱负的一个出口或者一个载体，他骨子里存在一种冲破现实经济和社会制度的欲望与渴求，因此，对南德集团赋予了超越企业功能和实质的寄托。

1940 年 6 月 19 日，牟其中出生在四川省万县（今重庆市万州区）一个中等经济水平的商人家庭。在牟其中的记忆中，其父牟品三是一个聪明、勤奋、正直又有公益心的生意人，耳濡目染，牟其中的童年与一般的孩子相比，多了几分商业的熏陶。“文化大革命”期间，经济面临崩溃，牟其中家乡重庆饿殍遍野，于是他与人合作组织了“马克思主义研究会”，其纲领是《中国向何处去》。因此被以反革命集团罪关进了监狱，并被内定死刑。十一届三中全会后获得释放。

1980年2月13日出狱后，牟其中建立起了改革开放后国内第一家私人企业——“万县市江北贸易信托服务部”，公司的全部家当包括牟其中向亲戚借的300元，以及向别人借用的一张饭桌。

牟其中揣着300元钱到重庆开拓事业。在那里，牟其中开始了他的座钟生意。他利用当时银行结算、汇兑等不同金融产品的时间差，解决了企业的流动资金，掘出第一桶金，这就是牟其中的“空手道”理论。在当时因为赚的钱太多，牟其中被有关部门冠以“投机倒把”的罪名，再一次入狱。

1984年8月，牟其中被平反，其后他又用了他的“空手道”理论做成了冰箱生意。这笔生意为南德集团的国际化积累了两个条件：一是资金，为以后的飞机贸易准备了启动资金；二是经验，为国际化生意的拓展积累了宝贵经验。

1989年10月，南德集团与前苏联达成了以易货贸易的形式购买T-154客机和航空器材的协议；年底，双方在北京签订了正式合作的《备忘录》，随后，便有了前文所说的以上千车皮罐头及轻工产品换回4架T-154客机的经典之作。

1993年12月28日，南德集团与俄罗斯合作，成功地发射了“航向一号”电视直播卫星。从1994年起，南德集团就开始做航向系列卫星了。1995年，国家实行紧缩银根的经济政策，这对开展卫星业务、需要大量资金的南德集团来说，无疑是一个巨大的打击。急需用钱的牟其中已经到了山穷水尽的地步。这时，手足无措的牟其中在宏伟的目标和窘迫的现实纠结中失却了对商业手段和法律底线的理性判断。

1996年8月，牟其中因涉嫌“骗开信用证套汇”问题第三次身陷牢狱。

发生在牟其中身上的情景悲喜剧，既是一个偶然的个案，又有其必然的结果。牟其中作为“文革”尚未结束就开始商品经济研究与探索的具有政治与经济双重抱负的企业家，他的探索性实践不仅是对计划经济秩序的冲撞，同时也是对公有制为特征的意识形态的挑战和威胁；他的“空手道”理论又是对按劳分配的社会分配制度的合理性的挑战，尽管时间或许会改写司法机构的判决与执行，但牟其中的每一次破坏性创新，总是在裁决者尚未更新法规与观念的时候提前发生，常常置立法和执法者于尴尬和被动。

如果从企业投资决策的角度来看，牟其中无疑是在以企业的命运押宝中国社会的市场化进度和改革开放节奏，在一定程度上，牟其中是幸运的，因为他先后两次得以释放并平反；但从另一个侧面看，恰恰是两次入狱经历让他强化了对社会秩序与法律的冲撞信心，最后导致他第三次身陷囹圄。

在商言商，牟其中身上浓重的救世主情结迫使南德集团承受了企业不应也不能承受之重。牟其中身上这种政治与商业纠结交错的特性在同时代不少企业家身上都能找到印证。他们几乎用殉道的精神在经营一种商业游戏，情节跌宕起伏，命运悲欢离合。这是社会的劫数还是命运的嘲弄，很难断定。就企业家精神而言，牟其中具备企业家应有的勇敢和智慧，但就企业的使命、责任和效率而言，牟其中以企业生死为赌注的政治实验早已超越了企业的本分。牟其中自封的智慧产业更像一场偏执的赌博，其中不乏智慧的成分，但似乎多了一些莽撞的智慧。就人身权利而言，牟其中坚持无罪释放的信念值得尊敬，但就企业实践来说，南德模式不应成为拷贝的样本。

不管冠以什么光鲜的外衣，企业始终流淌着逐利的血液，逐利的成分一旦剥离，企业就成了被观赏或者被谴责的标本。从企业史的高度上看，牟其中在为所有的企业家受难，越是智慧型企业及企业家，越要脚踏实地，恪守本分，做好当下。我们对老牟最好的尊重，就是不再犯同样的错误。对牟其中的叙述与评价力求聚焦在企业管理与运营的层面，因为作者自认为难以深入老牟的内心深处去体味这个饱经沧桑的超级灵长，更难以达到老牟的高度与境界去剖析一个超越企业家智慧的思想怪杰。

名词解释：

空手道：空手道亦称空手，旧称唐手，是发源于琉球王国（今琉球群岛）的一种武术。空手道中包含踢、打、摔、拿、投、锁、绞、逆技、点穴等多种技术，一些流派中还练习武器术。空手道比赛大致分为型及自由组手两大类。型是以假设的对手为目标，单人进行空手道技术的预定动作表演练习；自由组手即为对打比赛，各种规则中，世界空手道联盟（WKF）采用先中即得分、后中不得分的规则，强调技术运用的速度和技巧。

关于空手道的起源众说纷纭。目前最为学术界所认同的一种说法是，空手道的前身是琉球古代的武术琉球手，接受了中国武术的影响，形成唐手；后来又接受了日本武道的影响，成为现代的空手道。唐手和琉球手原本在琉球士族中秘密传授学习，并形成了一些流派。1879 年琉球被日本兼并之后，唐手的教学开始公开化。大正年间，唐手传入日本本土。第二次世界大战之后，空手道成为一种体育运动，并在世界各地广泛传播。

本书中牟其中所指空手道是指通过信用证等金融工具完成空买空卖的商业交易方式。利用的是当时银行结算、汇兑等不同金融产品的时间差，解决了企业的流动资金问题，挖掘出第一桶金，这就是牟其中著名的“空手道”理论。照牟其中的原话即“用很少的投入，利用现代信息制度和一系列分散风险的金融衍生工具，就可以完成投资巨大的项目，借用竞技体育的一个名词，名曰‘空手道’”。

投机倒把：投机倒把是计划经济时代的产物，主要指一些人凭借手中的权力，通过计划或者走后门，搞到平价的紧俏产品，然后囤积居奇、翻手倒卖，经过环环转手、层层加码，最后以较高价格卖给最终使用者或者消费者，发民众之财。2008 年 1 月 15 日《投机倒把行政处罚暂行条例》的取消，标志着投机倒把行为的正式谢幕退场。

1987 年 9 月 17 日，中国国务院颁布《投机倒把行政处罚暂行条例》（下称“暂行条例”）。当时，中国的经济体制改革是“摸着石头过河”。在短缺经济和价格双轨制的双重作用下，社会滋生出一大批“倒爷”。他们凭借手中的权力，通过计划或者走后门，搞到平价的紧俏产品，然后囤积居奇、翻手倒卖，经过环环转手，层层加码，最后以较高价格卖给最终使用者或者消费者，借改革之机掏国家之金、发民众之财。在社会主义市场经济体制确立之后，所谓的“投机倒把”行为，出现明显分化，有的成为正常市场行为，有的则上升至法律规范。

1997 年刑法修改，及时取消了“投机倒把罪”。温州人郑乐芬成为最后一个以“投机倒把罪”获死刑的人。郑乐芬是 1986 年温州抬会事件的主角之一，在那场台风式的金钱游戏中，有 30 万人卷入其中。1991 年，她以“投机倒把罪”被执行枪决。

最后一次运用暂行条例，是在 2005 年 10 月，北京月球村航天科技有限公司因贩卖月球土地，被北京市工商局以涉嫌“投机倒把”为由叫停。之前的 2005 年 9 月 4 日，“月球大使馆”在工商部门注册，注册人李捷声称拥有全部月球，并开始售卖月球土地。

2008 年 1 月 15 日《国务院关于废止部分行政法规的决定》的公布，广受诟病的《投机倒把行政处罚暂行条例》正式谢幕退场。2009 年 8 月 24 日提请十一届全国人大常委会第十次会议再次审议的关于修改部分法律的决定草案，对中国现行法律中存在的明显不适应社会主义市场经济和社会发展要求的规定作出了修改。根据草案的规定，《计量法》、《野生动物保护法》、《铁路法》、《烟草专卖法》四部法律中有关“投机倒把”、“投机倒把罪”的规定予以删去并作出了修改。

第二章　刘永好的“鹌鹑”与宗庆后的“冰棍”

世上都说兔子好，不吃肉食只吃草；

世上都说兔子好，顺着草根找到宝。

第一节　三瓣嘴的骄傲

三瓣嘴是兔子的标志性特征之一，它的出现是生物进化所赐。野生兔子最主要的食物是各种各样的青草和草根。但是，啃食草根是需要技巧的，三瓣嘴的生理特点有利于将兔子的门齿翻出来，这样，它们在啃吃低矮的草时，就不会受到嘴唇的阻挡，进食效率大大提高。

生物进化史上，搏取肥肉、垄断暴利常常是充满刺激与风险的游戏，因为在高风险的掠夺与争抢中，你自己很可能成为食物。最可怕的是侵略性十足的虎狼之辈，它们出没无常，居无定所，经常跨行业、跨地域甚至超越法律及道德底线，打出不可预测又不可理喻的毒牌。这无疑加大了食肉族的生存风险。

与鲜美的肉类相比，草根可能是动物最贫瘠的食品，但恰恰是被许多动物不屑一顾的草根，滋养了生生不息的兔子家族。在许多高大威猛的肉食动物因为对人类构成威胁并随着人类文明的发展逐步退化和灭绝的同时，孱弱的兔子因为不与人类争食，还可能为人类灵长提供美味，因此延续了旺盛的生命力。

先哲说，吃得草根做得大事，正因为兔子生来奉行草根哲学，所以能一次又一次战胜饥荒；正因为兔子生来奉行草根哲学，所以能用平常心看待职业分工与收入差异；正因为兔子生来奉行草根哲学，所以比其他动物更具备对外界变化的感知与适应能力。

第二节 “食草者”的进化论

与兔子不同，人类没有三瓣嘴的天赋；与兔子类似，人类也早有食草为生的习惯。据《白虎通义》记载：神农氏时代，中国开始从原始畜牧业向原始农业发展的转变。那时，人口已生育繁多，主要通过猎物和植物的果实维持生计。可是，天上的飞禽越打越少，地上的走兽越打越稀，所得食物难以果腹。怎样才能解决人们的吃食问题？神农氏苦苦思索，可谓绞尽脑汁。

一天，一只周身通红的鸟儿，衔着一棵五彩九穗谷飞在天空，掠过神农氏的头顶时，九穗谷掉在地上。神农氏见了，拾起来埋在了土壤里，后来竟长成一片。他把谷穗在手里揉搓后放在嘴里，感到很好吃。于是他教人砍倒树木，割掉野草，用斧头、锄头、耒耜等生产工具开垦土地，种起了谷子。神农氏从这里得到启发：谷子可年年种植，源源不断，若能有更多的草木之实选为人用，多多种植，大家的吃饭问题不就解决了吗？那时，五谷和杂草长在一起，草药和百花开在一起，哪些可以吃，哪些不可以吃，谁也分不清。神农氏就一样一样地尝，一样一样地试种，最后从中筛选出稻、黍、稷、麦、菽五谷，所以后人尊他为“五谷爷”、“农皇爷”。

神农尝百草、辨五谷成就农业和中医药业，从以肉为食到以草为食堪称人类文明的一大进步。物竞天择，适者生存。草根在维系兔类生命的同时，竟促进了人类文明的演进。

第三节 嘘，小声点，鹌鹑蛋里有黄金

创业是不安分的心动，创业是不甘寂寞的行动，创业是充满风险与刺激的挑战。大多数人在制订创业计划的时候喜欢大题目，喜欢新领域，喜欢高新技术产业，希望全新面目示人，让全世界为自己欢呼。——他们想为前门楼子装轱辘，想为万里长城贴瓷砖，想在喜马拉雅山上钻洞，想在满洲里办特区。总之，无视天时地利限制，梦想无中生有、空手套白狼。做成事的企业家大都手高眼低，“只快社会半步”，他们从自己熟悉并擅长的地方静悄悄做起，在日积月累中奠定实力。

——Kubi 日记

Kubi 的第三站将到四川新津拜访一个养鹌鹑起家的财富家族——刘氏兄妹。从贵州到四川一路翻山越岭，风光秀丽。经“绿竹公园”，游蜀南竹海，观丹霞石刻，感受“一夫当关，万夫莫开”的险道奇观；临七彩飞瀑，品味“疑是银河落九天”的诗情画意。

据新津县官网介绍，新津县城距成都市区 28 公里，距西南航空港 18 公里，自北周定名以来已有 1450 多年历史，古为“南方丝绸之路第一站”。新津气候宜人、风光旖旎、五河汇聚、山水多娇，素有“蓉城南路第一景，川西名胜上河图”的美誉。境内有 “天下第一忠孝儒林”——纯阳观和老子归隐地——老君山。

新津纯阳观距成都 38 公里，占地 120 亩，始建于光绪年间，观内有 68 尊塑像，栩栩如生，有二十四忠臣、二十四孝子等，儒、佛、道三教合一并存一地。

或许佛祖释迦牟尼、道教先祖老聃和儒学鼻祖孔子未曾想到，若干年后三教滋养催生财富名门，忠孝熏陶蓬勃实业望族。如今，刘氏兄弟的希望集团早已超越纯阳观而成为新津经济的第一名片。

上海有名的《外滩画报》这样介绍刘氏家族：

早在 1995 年，《福布斯》杂志首次发布中国大陆富豪榜时，共有 10 位中国民营企业家进入榜单，首富就是希望集团刘永好四兄弟，总资产为 83 亿元。

十几年来，无论单打还是合纵，刘氏四兄弟旗下的公司，都呈现出节节上升的态势。即便是在金融危机爆发的 2008 年，刘永行依然位居大陆首富，而刘永好、刘永言等亦名列前茅。

刘氏兄弟的创业过程充满坎坷。

1980 年春节，二哥刘永行在马路边摆了一个修理电器的地摊。短短几天时间，他竟然赚了 300 元。

很快，学计算机的老大刘永言、学机械的刘永好以及会修理家用电器的刘永行，生产出中国第一台音响，名字叫“新意音响”。

刘永好拿着音响来到乡下想和生产队合作，公社书记一句“集体企业不能跟私人合作，不准走资本主义道路”让刘氏兄弟的美梦胎死腹中。

1983 年秋天，刘氏兄弟先后从机关、工厂辞职办起第一个实体企业——育新良种场。为了凑齐启动资金老大刘永言卖掉手表，老二刘永行卖掉自行车，四兄弟一共凑了1000多元钱，老三陈育新（原名刘永美）把自家的房子腾出来改成孵化室，他和妻子搬到幼儿园的小单间居住。

20世纪80年代初，大学生还是天之骄子，四兄弟都考上大学，都被分配到令人眼馋的好单位非常幸福。告别旱涝保收的铁饭碗，砸锅卖铁式地玩起孵小鸡的草根生意，刘氏兄弟的做法实在前卫。

一年后，一次生意上当被人骗去2000只小鸡，差点让良种场破产。濒临破产的良种场无意中被一条新闻救活——朝鲜前首相金日成送给中国一批鹌鹑，这些鹌鹑被媒体称为“会下金蛋的鸟”。

老大刘永言倾其所有到灌县买回50只大鹌鹑和200个种蛋，此时身上再无分文的他扛着大笼鹌鹑和种蛋徒步几十里回到新津。

四个兄弟研究发现，与传统养鸡比较起来，鹌鹑个小，不占地方，容易大规模养殖，雌鹌鹑几乎每天都会下蛋，每只蛋可以卖5~6分钱，去除饲料成本能赚一半。一只蛋能挣3分钱！看来，报纸所说“会下金蛋的鸟”并非没有道理。

从山穷水尽到路转峰回，此前的两次挫折让刘氏兄弟两次规避了创业风险：电子厂未办成规避了创业资金的压力，孵小鸡受骗规避了养鸡业的同质化风险。

老大购回了鹌鹑和种蛋，老三、老四琢磨出电孵技术，不断提高产蛋量，老二刘永行则每天背着鹌鹑蛋到附近县镇兜售。智能组合，手高眼低，刘氏兄弟创业过程中分工默契，同时靠养鹌鹑掘到了生意路上的“第一桶金”。

示范效应产生莫名魅力，在四兄弟的影响下，养鹌鹑成为当地风尚，没几年，新津发展成为全国最大的鹌鹑养殖基地。

“在别人恐慌的时候张狂，在别人张狂的时候恐慌。”巴菲特的投资理念用在刘氏兄弟身上同样吻合。当众多的农民兄弟纷纷效仿进入鹌鹑养殖业的时候，刘氏兄弟瞄准了养殖业的衍生行业——饲料生产。

在鹌鹑养殖中，他们试验出了一个饲料配方。随着养殖户的增多，饲料成了紧缺商品。刘家兄弟当即决定开办饲料生产厂，并取名“希望”，这便是如今全国闻名的“希望集团”的前身。

1995年3月，四兄弟根据各自特长和兴趣分工：老大刘永言创立大陆希望公司；老二刘永行成立东方希望公司；老三陈育新建立华西希望公司；老四刘永好成立南方希望公司。产业分工和市场区域划定，大家共享“希望集团”品牌。

20多年来，刘永好和他的刘氏兄弟虽然投资过银行、办过超市、涉足过房地产，依然坚持主打农业。而今，新希望的产业链已经由饲料生产向上延伸至种苗供应、投资、担保服务，向下延伸到生猪养殖、猪肉加工、冷链物流等全产业业态。风风雨雨之后，刘永好认为“还是做农业让我感觉最愉悦”。

2010年，新希望集团董事长刘永好再次在资本市场上掀起了一波巨浪，即将山东六和、新希望农牧、枫澜科技等总估值达77.95亿元的优质农牧资产注入上市公司新希望；同时，将业绩欠佳的乳业和房地产业务合计为7.53亿元的资产剥离出上市公司。

实际上，新希望的扩张，是农业和资本结合的一个典型案例。刘永好的“资本手腕”，不单表现在资本市场上。目前，新希望集团在全国拥有近20家担保公司，每家担保公司的规模约为2000万~3000万元。刘永好不但在做农业担保公司，还参与了诸多村镇银行的组建。而这些担保公司和村镇银行的组建，其目的就是为了让养殖户获得更多的贷款支持。

值得关注的是，新希望集团旗下的六和集团最先开发的“担保鸡”模式，已经在金融资本的支持下被迅速放大。担保公司以养殖户的标准鸡舍为抵押物，贷款资金封闭式运行，风险较低。而随着农户规模化养殖的开展，新希望集团迅速以资本为纽带形成了上下游一体化的产业链条。目前，新希望成为中国最大的畜禽饲料生产商、中国最大的鸡肉供应商、世界最大的鸭肉供应商，覆盖饲料、种畜、屠宰、肉制品整个产业链条。富有创造性的是，新希望打造了电子商务网、金融服务网为合同养殖户提供信息、担保方面的配套服务。

2011 年 1 月 26 日，新希望财务有限公司正式成立。目前，全国拥有 100 多家财务公司，但是民营性质的只有 5 家。财务公司有一些特别的管理要求和授权，能够使得公司的资金集中使用，降低成本，实现最大限度价值和效益，同时在资本市场做一些金融业务支持农产业。

截至目前，新希望集团业务已经延伸至四个领域：农牧与食品、化工与资源、房产与基础设施以及金融与投资。尽管如此，刘永好还是表示即便在未来，农业也是新希望集团的主业。“与其他产业相比，我们的农产业是占绝大部分的。”而农产业之外的产业，实际上“在一定程度上也推动了我们企业农产业的投资和发展。”刘永好说，“工业支持农业，城市支持农村，我们把城市产业和工业产业收益用来支持农产业。”

生意靠小聪明，事业凭大智慧。中国最伟大的智慧莫过于为生活在底层的农民谋生活、谋生计。刘永好和他的兄弟们用“最笨”的脑瓜做了最智慧的选择。企业的进化与生物的进化类似，当恐龙灭绝，雄狮猛兽岌岌可危的时候，与草根相依为命的最贴近原生态的兔子依然保持旺盛的生命力。尽管工业化、城镇化是发展中国家发展的主旋律，但“三农”经济仍然是覆盖市场最广、解决就业最多、发展潜力最大的基础产业。信奉草根哲学的刘永好兄弟们无疑成为国家农业产业政策的最大受益者。

如果说刘氏兄弟当年卖一只鹌鹑蛋挣三分钱好比兔子吃草尖的话，杭州城里还有一位卖冰棍挣几厘钱起家的企业达人，他的起家生意更像是兔子啃草根，此人名叫宗庆后。2010 年，福布斯财富榜上有杭州娃哈哈集团掌门人宗庆后的名字，他以 70 亿美元的身价在榜单上排名第 103 位，成了中国大陆新首富。

Kubi 告别四川而奔赴人间天堂——杭州。川人乐山，杭州好水。西湖位于浙江杭州西部，以秀丽的湖光山色和众多的名胜古迹闻名中外，西湖的美在于晴天水潋滟，雨天山空蒙。无论雨雪晴阴，无论早霞晚辉，都能变幻成景；春花、秋月、夏荷、冬雪中各具美态。

杭州以水闻名，不仅吸引了众多中外游客，还吸引了众多制水的商家来此淘金。清澈甘甜的杭州水不仅成为宗庆后的创业由头，日后还成为中国瓶装水三大品牌农夫山泉、娃哈哈、康师傅共同分享的财富源泉。

1979 年，宗庆后顶替母亲在杭州一家校办工厂当工人，自己蹬三轮车，走街串巷给学校送冰棍。“一根冰棍 4 分钱，卖一根只赚几厘钱。”

在购买力相对贫弱的市场中创业好比在荒坡上找食，确实需要“三瓣嘴啃草根”一样的吃苦精神。

1985 年，宗庆后开始为一家保健品厂代销花粉口服液。1987 年，47 岁的宗庆后借款 14 万元承包校办企业经销部，然后，他与浙江医科大学合作，成功开发了属于自己的产品——娃哈哈儿童营养液。这是一种以桂圆肉、红枣、山楂、莲子等为原料提取而成的口服液，宗庆后为它设计了朗朗上口的广告词：喝了娃哈哈，吃饭就是香。没想到投放市场后一炮打响，订单雪片般飞来，产品供不应求。到 1991 年的时候，娃哈哈的销售已经过亿元，宗庆后掘得了第一桶金。

从卖冰棍到开发自己的产品，宗庆后完成了由“啃草根”到“种谷物”的进化。这种进化在商业上的意义在于从此以后他获得了产品的定价权甚至包括行业游戏规则的主导权。

1991 年，宗庆后以 8000 万元的代价有偿兼并了资不抵债的杭州罐头食品厂，并将工人与退休工人全都留了下来。为了让兼并的工人有活干，宗庆后开发出娃哈哈果奶。然后，宗庆后又从国外引进生产线，生产纯净水、碳酸饮料、茶、果汁饮料等 100 多个品种的产品。

犹太人的生意经是瞄准“嘴巴、孩子和女人”，娃哈哈儿童营养液在三者中占了两样，营养液之后，娃哈哈陆续开发了果奶、纯净水、非常可乐和八宝粥等，娃哈哈的主业一直没有离开人的嘴巴。是犹太人启发了宗庆后，还是宗庆后验证了犹太人的规则，无从考证。但在宗庆后的经营风格中总能找到犹太人的影子。

这么多年来，宗庆后始终坚持主业经营，在饮料行业的一方天地辛勤耕耘，不断把主业做大做强，建起庞大的“饮料王国”。如今，娃哈哈在全国 58 个生产基地建有近 150 家分公司，30000 多名员工，拥有 300 多条生产线，年生产饮料 1000 多万吨，连续 12 年领跑中国饮料行业。

2010 年，宗庆后毫无悬念地成为中国财富新标杆。在当年的福布斯富豪榜上，宗庆后以 534 亿元的财富位列榜首；而在另一张民间富豪榜单——2010 胡润百富榜上，首位同样是这位饮料业大亨。宗庆后透露，2010 年，娃哈哈实现营收 550 亿元，利润超过 60 亿元，纳税 41 亿元。

Kubi 点评

鹌鹑蛋孵出希望家族，卖冰棍造就全球富豪。

随着社会生活的变化，需求多样化、选择个性化、生活时尚化的确会成为消费的潮流。但是，公众需求层次的提高并不一定以制造成本的提高为代价，并不一定意味着粗放运营和奢华管理，并不一定意味着过度包装和过度营销。草根为生的商业模式是总成本领先的极致表现，大凡在传统消费品领域，在完全竞争的市场环境下长期保持竞争优势的企业首先要具备总成本领先能力。

对照案例——奢华的赌局[①]

并非所有的兔子都那么安分，不少智商超群的兔子在草丛中寻找捷径。他们的机敏、果敢、桀骜与霸气曾经让许多同胞仰慕，同样，他们的癫狂与溃败为后辈的探索与超越提供了路标和教训。相比于刘氏兄弟和宗庆后的朴实与稳扎稳打，李途纯的太子奶集团从一出世就显得张狂和打眼。

1989年，李途纯30岁生日那一天，时任湖南省株洲市饮食服务公司经理的李途纯，许下了一个愿望，要在如火如荼的深圳找寻机会，使自己的人生真正能三十而立。不顾领导的赏识，放弃稳定的工作，李途纯回到湖南株洲后，立刻提出了辞职请求，办好停薪留职手续第二天，他带着300元钱南下深圳。

深圳的打拼并不如意，工作辛苦，收入与付出不能成正比，还找不到合适的创业机会。谁也不会料到，李途纯会因为偶尔奢侈地喝了一瓶饮料走到他人生的转折点，这种饮料叫做活力宝。

李途纯试图做活力宝在湖南的总代理，或者和活力宝的厂家合作投资建厂，但是这些设想没有变成现实。然后李途纯拿着印挂历赚来的50万元启动资金，说服了当时的乳业专家盛延岭教授提供技术支持，1996年开始了他的创业梦。

发现并决定投资乳酸菌饮料是李途纯智慧的抉择。应该说，这之前的判断与决策比较符合价值规律和商业投资规律。

1996年3月，株洲太子牛奶厂成立，李途纯是发起人和第一任厂长。建厂初期，李途纯和所有的创业者一起全部卷着铺盖睡在厂里，一住就是整整8个

① 资料来源：太子奶破产原因，http://www.huanqiu.com，2011-02-15；太子奶破产重组，http://finance.ifeng.com/news/special/zjtzn/20100414/2049727.shtml。

月，直到产品投产。就在 1997 年公司扩大生产之际，李途纯做出惊人之举，在央视黄金广告时段投下 8888 万元，夺得日用消费品广告“标王”。而当时整个太子奶的资产总额还没有这次竞标的价格高，员工有半年多没有发过工资了，就连李途纯自己去央视竞标的 20 万元入场券，也是借钱买的。

一、成也标王，败也标王

李途纯的创业故事充满传奇与赌博色彩，每每在需要上帝的时候，总能幸遇上帝之手，在期望神话的时候，恰恰兑现神话魔力。

1997 年 10 月，太子奶董事长李途纯用分期付款方式以 8888 万元价格拿下了 1998 年度央视食品饮料类的年度“标王”后，如雪片般飞来的订单，催化了李途纯经营方式发生“核聚变”。李途纯自称运用“无成本生产，零风险经营”模式，即以太子奶为载体，向社会融资维持运转和增长。

“只有应付款，没有应收款”的畸形“太子奶”，在高峰期竟吸引了全国约 7000 名经销商。这些人打入太子奶账上的货款，最高的有 1200 万元。而与太子奶有间接利益关系的人，难以准确统计，据估计有数万人。太子奶的“政策”是，打款越多，拿货越多，现金折扣就越高。货卖不出去，可以退回厂家换新货。

这种经营模式，一个时期内还真制造出了一个超常发展的幻象：1998~2008 年，太子奶销售收入几乎年年翻番，到 2008 年发展到了 20 亿元。包括雀巢公司等在内的海内外很多知名企业，从 2007 年开始倾心太子奶，贷款、注资、参股、发债等不在话下，上市、收购等资本运作承诺也频频提出，其中国际一知名饮品企业曾提出要以 15 亿元收购。

中标央视标王之后，李途纯对企业的概念已经有了全新的理解和阐释，企业更多的是一种牟利手段，而不再是一种价值创造的载体。正如迈克尔斯公司执行副总裁朱为众所言，“中国的企业家群体，有着大胆的 DNA，他们敢为天下之先，他们勤奋、执著、坚韧不拔，常常通过实业淘得第一桶金，完成了向富豪的飞跃。成功又不可避免地冶炼了他们的另一个特性：自以为无所不能。所以一旦有了钱，沾上资本市场，大胆、成功常常使他们成为一群追逐暴利的赌徒，而尚在完善中的资本市场和浮躁的中国社会对诚信的漠视，为他们提供了一个几乎是完美的打擦边球豪赌的环境。中国企业的前途，也在一场场豪赌中被蒙上了阴影。”天价广告打造的标王品牌的确为太子奶赢得了运营上的主动权。太子奶奉行“贸易式营销”，要求原料供货商先期供货以及经销商预先打款，甚至当年的标王广告费中的相当部分来自于经销商垫资，而扩张中的资本更多来自于负债。

根据株洲市国有资产投资经营有限公司以及湖南信托分别于 2006 年 1 月和 8 月发布的转让各自所持太子奶国有法人股权的公告信息显示，太子奶集团 2005 年底的总资产仅 13 亿元左右，净资产近 1.7 亿元，负债高达 11.6 亿元，远远超出了国内金融机构融资所要求的负债安全线。

疯狂扩张的直接结果是大大降低了太子奶集团的净利润率。据官方数据显示，太子奶集团 2005 年的销售收入净利润率从 2002 年的 19.3%降到了 12.5%，2006 年更是降到了 10%。

20 世纪 90 年代中期，以液态奶和酸奶为代表的乳制品市场是名副其实的“金矿”。1996~2002 年，国内液态奶年复合增长率高达 38%，其消费量在乳制品消费总量中的比重，从 1995 年的 66%提高到 2002 年的 74%。2002 年，主攻液态奶的蒙牛集团销售收入为 16.7 亿元，伊利集团为 40.10 亿元，光明集团更是达到 60 亿元。与之相比，太子奶集团仅仅是一个小字辈。太子奶集团官方数据显示，1997 年公司销售收入仅为 500 万元，2001 年才达到 5000 万元，到 2002 年，整个集团销售收入约为 1.5 亿元，净利润为 2900 万元。

二、荣在对赌，辱在对赌

接下来，太子奶的扩张已经超越了市场需求和企业管控能力的极限。2006年，太子奶集团曾公布，在全国 30 多个省市设立了 100 个销售分公司，发展了 3000 多个一级经销商。这样的超级销售网络在推动太子奶集团放卫星似的销售增长外，也面临巨大风险。拿货越多，现金折扣就越高的模式，诱惑经销商不在开拓市场上下功夫，却四处寻找能打入货款的机会。可产品在市场上的实际销售率不断降低，成本反倒飙升。

几年间，李途纯斥巨资在湖南株洲、北京密云、湖北黄冈、江苏昆山、四川成都同时启动五大乳酸菌生产研发基地，形成“东西南北中”的全国性战略布局。可事实上仅黄冈一个基地的产能就能满足集团的全部销售。

无论销售拓展还是生产扩张，太子奶集团无疑摆出了乳酸菌行业霸主舍我其谁的阵势。这时候，可以把私人飞机停在央视楼顶的李途纯就像当年驰骋欧亚大陆的成吉思汗，试图通过铁骑部队完成圈地和占领，全然不顾收获和代价。当一个企业可知的利润被逐渐看薄，不确定的未来被价值高估时，灾难来临已经不远了。

2006 年 11 月，太子奶以 30%股权为代价，获得摩根、英联、高盛三大投行 7300 万美元的股权投资以及花旗银团 3 年 5 亿元无担保无抵押低息贷款，渡过了燃眉之急。并签下对赌[①] 协议：如果太子奶前三年的业绩增长超过 50%，就可以调整对方股权；如果完不成 30%的增长，就会失去控股权。

---

① 对赌：对赌条款的英文说法是 VAM——Valuation Adjustment Mechanism，字面直译即是“估值调整机制”。根据这种机制，投资方与融资方（资金融入方）在达成融资协议时签订一个约定：如果企业未来的经营结果达到约定的水平，则融资方享有一定权利，用以补偿企业价值当初被低估的损失；否则，投资方享有一定的权利，用以补偿企业价值当初被高估的损失。

资金链吃紧的太子奶获得融资后，冀望借钱生蛋扳回一城，不顾风险继续发力扩张，耗资高达33亿元。然而，“高速扩张、低利润率”的经营模式却使太子奶一步步走入了恶性循环的怪圈。

2008年上半年，金融危机导致国际银团不得不抽走5亿元贷款；“三聚氰胺”事件重创乳品行业，包括太子奶，断货、欠薪、停产、逼债……，曾经的全国乳酸菌大王再次面临资金链断裂的严峻形势。根据2008年德勤会计师事务所出具的尽职调查报告显示：太子奶总资产为26亿元，债务为25.4亿元，共有债权人超过7300人。

2008年，太子奶的全年销售计划是36亿元，截至7月底，只完成了26.7%。在资金链趋于断裂，销售业绩急剧下降的双重压力下，李途纯签订的那份“对赌协议”被迫提前履行。

三、赢也奢华，亏也奢华

公司的高比例负债与利润下跌并不妨碍李途纯等高层大肆铺张的奢靡生活。办公楼投资过亿元，房间水龙头5万元一个，廊柱上镶嵌着宝石。曾任太子奶集团法律顾问的一律师透露，豪华办公楼建成后，李途纯忽然起意在顶层加一个大型游泳池，手下人士多方估算，终因难以承受重负而放弃了。“看看美轮美奂的‘白宫’和‘中南海’，你就知道他期望的是什么。”

诸如此类的故事还有许多流传：集团的主要办公场地均铺设厚厚的地毯，内部员工反映，他们进去汇报工作时都有些站不稳，但老板仍觉得不够舒坦。即便在资金并不宽裕的时候，李途纯仍选择在北京某商厦买下三楼整层，原因是竞争对手就在脚下的二楼办公……

四、出也为钱，入也为钱

10多年前，李途纯为改变自己命运，离职出走，着实想证明自己挣钱的能力；10年之后，李途纯被请进牢房，恰恰是因为没有兑现他的还钱能力。出来混，总是要还的，只是还的方式不同，有的人用钱，有的人用情，有的人用后半生的前途。

2010年6月7日，株洲市公安局成立项目组，对湖南太子奶集团及李途纯等人非法吸收公众存款案立案侦查。10月19日，项目组对李途纯等人涉嫌挪用资金罪正式立案侦查，并依法重新计算了李途纯等人的侦查羁押期限。

2010年12月1日，株洲市公安局对外发布消息称，湖南太子奶集团及李途纯等人非法吸收公众存款、挪用资金案，目前已批准逮捕4人，取保候审9人，案情正在进一步侦查中。

突如其来的美国次贷危机，以及“三聚氰胺”奶业丑闻，或许会弱化李途纯企业运作的失败程度，但即便没有美国次贷，即便没有三鹿事件，李途纯的奢华赌局，早晚会有收场的时候，企业失去制约的决策机制和老板个人失去理智的性格已经注定了太子奶集团的命运。

名词解释：

对赌：对赌协议是投资方与企业对未来不确定情况的一种约定。双方以企业当前业绩为议价基础确定投资条件，根据双方认可的业绩增长情况，以具体业绩指标甚至股价作为协议条件，对赌标的通常被设定为企业股权，或者是远远超出一般标准的其他支付条件（如高额利息）。

投资方通常通过这种手段控制投资风险。对于企业而言，签订对赌协议的好处是能够在短期内获得足够现金支持企业发展，而无须出让企业控股权，只要在协议规定范围内达到对赌条件，其资金利用成本相对较低。但如果不能满足对赌要求，企业将付出高昂代价。

对赌协议在西方资本交易中特别是股权投资中广泛存在，在国际资本对国内企业的投资中也被广泛采纳。但类似协议之所以在我国遭到强烈的谴责，原因是对赌标准设定过高，利益明显偏向机构投资者，而融资方缺乏经验，也是造成自己最终处于不利局面的一个重要原因。随着本土股权投资机构的兴起，这种状况正在逐步得到改善。

第三章　吴振山的“无字碑”与杨卓舒的“养老经”

世上都说兔子好，兔子不吃窝边草；

世上都说兔子好，善里藏金早知道。

第一节　“窝边草”的蹊跷

兔子在草原上蹿来蹿去，寻找嫩绿的青草；狐狸在兔子身边荡来荡去，设计怎样捉住兔子；若狼撞上狐狸，则要千方百计把狐狸吃掉。青草—兔子—狐狸—狼构成了草原上独特的生存食物链。没有草的时候，兔子就会遭遇饥荒，没有兔子的时候，狐狸同样会青黄不接，没有兔子、狐狸的时候，狼则可能逮着任何带腥的东西都生吞活剥。草原生态是一副相生相克的依存链环。

食草的兔子特别注意维护周边的环境和邻里关系。“兔子不吃窝边草”已经成为家喻户晓的自律规则。兔子为什么不吃窝边草呢？因为兔子窝通常为土质洞穴，缺乏支撑材料，因此，周边的草木起到了保持水土、维护洞穴安全的作用；再者，周边的草木还起到了遮风避雨、掩人耳目的作用，更加巩固了洞穴的安全性；最后，遇到大灾大难的年月，一旦洞内储蓄不够，或者兔子因病无力远出寻食，窝边的存草就可能成为应对灾难的唯一储备。

对于兔子而言，窝边草就像生态底线，如果你带头啃吃或破坏自己赖以生存的生态的底线，自己的生命也就岌岌可危了。

第二节 “窝边草”的商业启迪

组织生存与发展是一种社会行为，就像生命相对于大自然是一种生态现象一样。没有任何生命能摆脱大自然的禀赋而生存，同样没有任何组织能完全脱离社会而存在。生命的意义在于自然的孕育与需要，组织的意义在于社会需求的依赖与寄托。一个不能对大自然有所贡献的生命将被淘汰，正如不能对社会创造价值的组织会被终结和遗忘一样。持续繁衍的生命群体常常是先进生产力的代表，他们不仅自食其力，还能以精神和技巧影响周边。兔子对窝边草的呵护为人类保护环境提供了样板，作为企业组织同样应从兔子的生态意识中受到启发。

当兔子在夸耀“窝边草”的好处时，人类正在为自己的贪婪与不诚信付出代价。20 世纪 80 年代中期，市场流通的逐步放开为各种形式的私营经济打开了缺口。粗放的管理体制和不完善的法律环境为走私、造假等灰色交易留出了侥幸的操作空间。部分区域和企业奉行自我利益为中心的哲学，他们着迷于巧取、智取客户的信任和投资，重复进行不回头的交易。

1985 年 6 月 16 日，《人民日报》对福建晋江假药案进行了披露：当地假药工厂生产 100 多种假药，总数 10 万多箱，销售额 3500 多万元，参与制售假药者 1000 多人。此外，还伪造卫生行政部门的商品审批文号 105 个，私自印刷税务发票等。

从晋江假药案开始，在广袤的中国农村，有意识、有组织、大规模地制造假劣产品，在以后 20 年的时间里仍将持续蔓延。直到 2008 年北京奥运期间发生的“三鹿三聚氰胺事件”把企业产品质量管理中存在的不规范和不负责任现象推向极端。

中国卫生部通报说，截至（2008 年）11 月 27 日 8 时，全国累计报告因食用三鹿牌奶粉和其他个别问题奶粉导致泌尿系统出现异常的患儿多达 294000 人，其中 6 人不排除因饮用问题奶粉死亡，目前仍有 861 名患儿留医，154 名为重症患儿。(数据根据联合早报网资讯整理)

2008 年 12 月 23 日，石家庄市中级法院宣布三鹿破产。石家庄中级法院一审对原三鹿奶粉集团董事长田文华判处无期徒刑，另外三名原三鹿集团高级管理人员分别被判处 5~15 年有期徒刑。此外，生产、销售和添加三聚氰胺物的两人被判处死刑。三鹿公司所在地石家庄市长冀纯堂、市委书记吴显国先后被免职，国家质量技术监督局局长李长江引咎辞职。根据公开资料，三鹿集团 2007 年底总资产为 16.19 亿元，总负债为 3.95 亿元，净资产为 12.24 亿元。当时，三鹿的品牌价值甚至高达 149.07 亿元。

1987 年，田文华出任三鹿集团总经理，她上任的第一把火就是砍掉了三鹿集团的自有牧场，提出了“奶牛下乡、牛奶进城”的生产和发展模式。也就是三鹿把奶牛卖给农户，农户反过来把原奶卖给三鹿，如果有些农户没有经济能力购买奶牛，三鹿就把奶牛送给农户，并通过卖回的原奶抵债。这样的模式吸引了河北省的很多农户，毕竟养殖奶牛的利润要远远高于单纯的农业生产。于是三鹿的产能得到迅速扩大。与此同时，三鹿集团与河北省很多县、乡、村政府联手，由政府划地，三鹿提供技术，农户提供资金建设奶站，把各散户奶农的原奶通过奶站集中起来送往三鹿集团的加工厂。这种发展模式一度成为全国各乳品企业纷纷效仿的对象，获得了极大的成功，三鹿集团一跃成为河北省最大的乳品企业，并在几年之后占据中国奶粉市场的第一位，其液态奶产品也处于行业第三的位置。2007 年，三鹿奶粉仍然以 18.26%的市场份额在中国奶粉行业领跑，并连续 15 年居全国同行业产销量第一名。

然而，这个所谓的“三鹿模式”同时埋下了巨大的隐患。在 2005 年之前，三鹿集团在河北省内始终掌握着原奶收购的验收权，奶农和奶站没有其他选择。由于原奶保鲜期很短，三鹿集团检测不合格而拒收的原奶只能倒掉。

2005 年之后，随着中国乳业市场竞争的加剧，众多乳品企业纷纷进入河北市场，开始加入到奶源争夺战中。这些乳品企业对原奶的需求远远超过了当地的奶源总量，奶源由买方市场进入到卖方市场，奶站在交易当中就开始掌握更多的话语权。

大部分养殖场的奶都是交给奶站，原奶的价格由奶站定。奶站每天集中送到三鹿集团的原奶都要在三四吨以上，所以他们敢跟收奶的企业谈价钱，企业对他们的奶查得也就不那么严格了。由于奶源不足，一些奶站为了牟利，就开始想办法调制牛奶，包括加入三聚氰胺以催生蛋白质，这逐渐成了业内的一个潜规则。

三聚氰胺事件暴露出行业竞争与宏观管理方面的问题。

（1）标准问题。国家没有将三聚氰胺列入检测标准，企业没有检测手段。

（2）营销问题。企业为扩大市场份额，拼命打价格战，压低原奶收购价。

（3）管理问题。公司加农户的生产模式使企业管理难度大增。分散饲养，集中收购的方式确实降低了企业的管理成本，但却无法保证奶源的质量。而且在乳品企业与奶农之间又增加了奶站这个环节，管理上更是力不能及。

（4）利益分配问题。一方面是乳品企业、收奶站、奶农、饲料企业、农资企业（化肥、农药、柴油等），这个生产链之间如何分摊利润、成本；另一方面是各乳品企业的利益分配。在目前市场格局下，几大乳品企业正处于战国时代，在中低端市场上同质化竞争各不相让，都想先在市场份额上占优势。

（5）社会问题。贫富差距加大，乳制品中低端市场需求强劲，但支付能力有限，企业为不失市场份额，以低质低价商品满足市场需求。

（6）政府部门监管问题。质量主管机构缺乏对优质名牌产品的跟踪监督，行业监管部门颁布的免检证书反倒成了违规企业的护身符。

一个自有资产20多亿元，年销售超百亿元，品牌价值140多亿元，历经50多年风云变幻的奶粉帝国在官怒民怨中轰然倒塌。三鹿事件对乳品行业乃至整个国内食品行业的关联影响是惊人的。三鹿集团身陷困境的同时，蒙牛、伊利、光明等国内乳品企业巨头先后被牵连其中并损失惨重。三聚氰胺事件就像一枚重磅炸弹，骤然间引发中国乳品市场的一次大地震。风雨飘摇之际，几大巨头公司股价也上演着一轮又一轮的集体"跳水"。蒙牛、伊利、光明等中国乳品企业巨头相继被卷入三聚氰胺事件，乳品生产企业便开始遭受一个新的"信任危机"，三鹿、蒙牛等产品纷纷下架，并被强制召回。

据英文《中国日报》报道，中国2008年10月出口乳制品只有1036吨，同比下挫92%。直到2011年2月央视《每周质量报告》在北京调查发现，七成市民仍不愿选购国产品牌的奶粉，进口婴儿奶粉对国产品牌的冲击非常明显。尽管相关部门表示将加强监督措施及力度，乳制品企业也承诺保障产品的质量，但恢复消费者对国产乳制品的信心仍是一项艰巨的工程。

在《大败局Ⅱ》中，吴晓波提出缺乏对商业道德的尊重是中国企业家的原罪之一，他写道，"我们至今缺少对一种简单而朴实的商业逻辑的尊重，缺少对公平透明的游戏规则的尊重，缺少对符合人性的商业道德的敬畏。"中国基层社会流传千年的纯朴的商业道德正在受到挑战。由于缺乏健全的社会信用识别、保障与惩戒机制，中国企业大部分时间用于在新客户中建立信任，同时，又随时担心老客户的欺诈与背叛。沟通、交通和流通构成的交易费用成为中国生产者和消费者的沉重负担。

真理和规律是最可能超越个人和企业寿命的天条，如果在有生之年未能看到善良行为的收获或罪恶行为的报应，我们不要灰心，因为上帝试图提供更多的时间给恶人改过。

第三节　喏，谁说好人没有好报

"底线"之所以脆弱不堪，是因为有人摸索出了一条可悲的规则：不遵守底线带来的暴利，远远大于由此带来的惩罚，也大于遵守底线获得的收益。"很多中国商人把价值观、道德不当成底线，而当成一场智力游戏，足够'聪明'的人总是在这场低风险、高收益的游戏中赚得钵满盆满。"经济学家周其仁曾如此形容。

在我的心目中，
善良既不是承诺也不是忏悔，
而是德行，
是利人利己的德行。

——**Kubi** 日记

从杭州到河北需要从南到北穿越大半个中国，在 Kubi 看来，与杭州相比，石家庄这个“火车拉来的城市”少了些西湖一样的灵动和魅力。所幸，1400 年前，隋朝工匠李春监制修建的赵州石拱桥成为这个城市最引以为荣的历史印记。历经数次战乱、洪水袭击、地震等灾害的考验，赵州桥至今安然无恙，成为我国桥梁史的奇迹，引起世界桥梁专家的共同关注。

赵州桥位于石家庄市东南 60 公里的赵县，大桥全长 64.4 米，宽 9.6 米，是一座由 20 道拱券组成的单孔弧形大桥。跨度 37 米，是当今世界上跨径最大、建筑最早的单孔敞肩型石拱桥。

李春与赵州桥的故事无疑增加了 Kubi 对河北人的敬重，但更令 Kubi 向往的是拜见河北当今的两位地产名人——天山集团的吴振山和卓达集团的杨卓舒。前者 30 年如一日用“无字碑”缔造了优质建筑，后者则以福利物业、“养老社区”模式在业内建立了很好的口碑。他们的故事不仅诠释了“窝边草”的意义，而且更深刻地揭示了客户价值与企业生态的融合。

树碑立传自古以来是有志者的常规追求，给历史留下点什么，让别人怎么评价自己是好多人选择人生道路的指标和原则。当然，中国历史上，也有几位功过悬殊的大家（秦始皇、武则天、秦桧）留下无字碑刻骨铭心、让人思量。出乎意料的是，在“土打土闹”的建筑行业，有心人竟拿无字碑作为质量责任耻辱柱以警戒整个团队用心盖房、优质服务，由此打造出令人称道的建筑服务品牌。

1957 年，吴振山出生于石家庄市留村，幼年家境贫寒，初中毕业后他不得已辍学了。1980 年，木工出身的吴振山组织成立了留村乡胜利建筑队；1990 年，建筑队改为建筑公司；1993 年，改名为正定县第十建筑公司；1995 年，更名为石家庄开发区第一建筑公司。

由于临近京津，家政和建筑劳务输出一直是河北省的重要经济来源。但长期以来，由于暗箱操作多、技术含量低、质量意识差、欠薪现象严重使建筑业很容易成为诟病的对象。吴振山出道不久便形成的“固定团队作战意识”为规范企业、品牌服务的构建奠定了基础。

20 世纪 90 年代末，天山集团在连续五年实现单位竣工优良率 100%时，吴振山看到部分员工产生了松懈思想和畏难情绪，有的员工说：“连续五年优良率保持 100%，就很不错了”，也有的说：“再保持下去太难了”。为进一步强化质量意识，吴振山亲自树立“无字碑”，并规定：如果谁负责的工程达不到优良，就将谁的名字刻在石碑上，以示耻辱，鞭策员工拼搏创优。至今，“无字碑”上没有刻上一个人的名字。天山的员工们都说，这块无字碑体现了天山人的市场观和服务观，也浓缩了天山企业文化的力量。

历经多年的历史批判和文化讨伐之后，中国人的传统信仰与道德底线频频失守，从计划经济步入市场经济之后，机会和利益的诱惑又时常在挑战人的良心。在一个团队中，凝聚人心，重建敬畏，无疑是一项艰巨而又不易坚持的工程，吴振山和他的天山集团就像浇筑混凝土一样，30 年如一日坚守他们的职业操守。

从 1998 年开始，天山集团开始建立自有品牌。建筑公司承建的天山·水榭花都被评定为“国家康居示范工程和中国名盘 50 强”；天山海世界已成为 AAAA 级国家旅游景区。2010 年 7 月 15 日，天山发展（控股）在香港上市，成为河北省首家境外上市的地产企业。

地产行业充满灰色和不确定性，在这个行业里坚持点什么，用地产教父冯仑所言就是力争成为“夜总会上的处女”。无字碑已经陪伴天山走过 30 个年头，无字碑的魔咒能保佑天山走多远我不敢说，但自律本身就是一种值得称道的善。

如果说天山集团奉行的无字碑文化坚守的是建筑业的质量理念，那么，同样在石家庄，卓达集团领先打造的福利物业和养老社区更是一种服务意识上的升华。

购房人与开发商、业主与物业公司的纠纷是近年来常常发生的新闻事件。然而，有一家房产公司，它所开发和管理的数十万人的社区内很少有抱怨和投诉，什么样的秘诀使他们赢得了业主的满意呢?

所有在卓达集团开发的社区内购房的业主将享受福利、半福利物业服务。治安、绿化、卫生、班车、开水等20多项服务不收取任何费用，水、电、暖收费标准比国家规定低10%。更加被人称道的是卓达集团每年冬天根据室外温度变化在温度偏低的时候提前送暖，正常停暖日到来时若遇气温较低则会延长送暖时间但并不向业主追加费用。

房产销售与物业管理的核心就是营造业主满意。卓达集团率先找到打动客户的办法，因此抓住了客户的心。

不仅是福利物业，近年来，卓达集团结合中国进入老龄化社会，养老服务需求逐步加大这一特点，率先提出养老社区理念。在将养老服务融入物业服务范围的同时，从住宅产品设计、建造及全过程服务中引进养老社区系统建设理念，并在石家庄栾城县建成第一个养老示范基地。卓达物业通过在养老设施、设备、场地等硬件的种种投入，组建社区养老服务部，选派和培训好服务人员，专职为社区内居住的65岁以上的老年人提供社区养老服务。

河北卓达集团创建于1993年7月，现总资产220亿元，企业员工达4000余人，卓达集团在全国各地开发了卓达太阳城、卓达星辰花园等高档住宅社区达600万平方米，大型商业、写字楼等达100万平方米，服务社区人口逾10万人。(卓达官网数据)

截至2009年末，中国60岁以上老年人已达到1.67亿，占总人口的12.5%。中国社会科学院财政与贸易经济研究所发布报告称：2011年以后的30年里，中国人口老龄化将呈现加速发展态势，到2030年，中国65岁以上人口占比将超过日本，成为全球人口老龄化程度最高的国家。到2050年，社会进入深度老龄化阶段。按联合国将“60岁以上人口占总人口比例10%”作为判断一个国家进入老龄社会的标准，中国已进入老龄化社会。老龄化社会在提出挑战的同时会伴生特定的消费需求，卓达提出的养老社区模式在吸引媒体关注的同时，肯定会引起有孝心有实力的购房人的青睐。

地产领域新概念层出不穷，几乎有多少新楼盘就会产生多少新概念，但像卓达这样把福利物业和养老社区变成系统的社区服务模式鲜有见闻。

Kubi点评

理想的商业合作是各献所长、各取所需的价值交换。实现这种理想需要完全透明的供需信息和理性的投资与购买决策。信息透明与共享在技术上还没有实现，理性投资与购买会抑制或扼杀人性的贪婪与效仿心理。正因为如此，我们需要付出生产过剩和供需结构错位这样的代价。解决上述问题，我们需要像兔子一样善待我们的客户和周边生态，充分的沟通和满意的服务才能赢得客户的信赖，才能收获客户可持续的投资及良好的口碑传播。

对善良的参悟是企业家的毕生课题，善良不是秀，善良是一种生活方式。资源的稀缺、市场的残酷、种种不确定的变化经常考验企业的价值观底线乃至企业家良知，高企的生存成本以及不公正的资源与机会配置极有可能成为逼良为娼的推手。企业健康不单单是研究企业寿命问题，还将更深刻更持久地探究企业价值与生存方式。三鹿的十字架不只属于三鹿，它属于食品生态圈内每一个利益攸关者。我们包容了什么，我们宣扬了什么，我们播种了什么，我们在这个游戏中究竟扮演了参与者、纵容者、权力寻租者还是无辜受害者，每个人都应当反思自己的角色。三聚氰胺事件是个引子，如果理念的问题，制度的问题，监管制度、手段与程序问题不能得到解决，还有更多的类似三聚氰胺事件发生。或许一劳永逸的方案根本不存在，但敬畏并捍卫生命应该成为无上的天条。企业因利益而生存，但挑战生命底线的利益寻求必将被唾弃和淘汰。从一定意义上讲，企业不只是企业家的企业，企业是商业价值和社会道德的载体，我们在批评企业家水平的时候，同时应该反思商业生态与社会文化，政策环境、供货商、投资人、经营者、员工、经销商、消费者和相关服务提供与评估专家都是企业形象与企业行为的影响者，不论你是慈善者还是“扔砖头”的看客，我们都是这个时代商业游戏的参与者，不同的只是角色，不同的只是参与程度。

名词解释：

鸡毛换糖是指在物资匮缺的年代，小商小贩走南闯北走街串巷，以糖、草纸等低廉物品，换取居民家中的鸡毛等废品以获取微利的商业行为。鸡毛换糖的发源地是浙江义乌，可以说义乌市场形成的历史就是鸡毛换糖的历史，而义乌最初的鸡毛换糖是从廿三里镇开始的。廿三里镇即使在“文化大革命”这种割资本主义尾巴、严厉打击投机倒把的时期，糖担外出鸡毛换糖依然盛兴。那时廿三里镇外出鸡毛换糖的人员多达5000余人，经营范围不仅涉及浙江周边的江西、福建等省，而且扩展到全国各地。随着中国市场化取向改革和商品经济的活跃，廿三里镇在原先鸡毛换糖小百货销售基础上，进入了开拓专业市场和专门经营小商品的新阶段。在20世纪70年代中期，廿三里镇就出现了几百个经营小商品的地摊，并于70年代末形成了中国第一代小商品市场。在义乌，鸡毛换糖作为一种文化，推动了城市发展和人民物质文化水平的提高。浙商十大标志性事件中，鸡毛换糖名列第一位。它历史源远流长，是一种毫厘争取、积少成多、勇于开拓的创新精神和百折不挠、善于变通、刻苦务实的实干精神。鸡毛换糖文化已经成为义乌重要的城市文化，有餐馆用鸡毛换糖作为名称来吸引顾客。义乌人也正用这种精神文化激励下一代不忘吃苦，勇于创新。

事实上“鸡毛换糖”还促进了乡镇企业的诞生。如廿三里镇（公社）办的廿三里羽毛厂，就是在这个阶段应运而生的，当时它解决了农村数千人的就业问题，换回了外汇，增加了政府的财政收入，也增加了农民收入，可谓利国利民。直到1982年后，市场逐步向义乌县城集中发展，终成今日闻名遐迩的中国小商品世界，而廿三里的敲糖人正是义乌小商品世界的“始作俑者”。

草根发迹的外部市场与社会背景

草根哲学的精髓就是低成本生存和薄利多销，这种哲学是中国市场背景的必然选择。由于中国式创业大都白手起家，大家在缺乏创业技术、经验和资本的情况下走上创业路，不得不采取低成本生存的模式。与此同时，市场经济萌芽阶段中国消费者尤其是农村消费者人均收入很低，只能支撑薄利多销的产品消费。这反过来成为农村起家，以农村消费者为目标市场的企业的竞争优势和制胜武器。奉行草根哲学的企业健康成长的更深层原因在于中央农村政策的长期稳定和不断利好。

改革开放后的30多年中央坚持放开搞活农村经济的政策，比如，给农民经营自主权，实行家庭承包；比如，允许农民发展工副业，特别是乡镇企业，全面放开农产品市场，活跃农村经济。进入新世纪，全面取消农业税，实行对农民的补贴，免费实行农村义务教育，推行新型合作医疗和逐步建立农村的各种社会保障制度。整个农村政策的取向就是要推动城乡统筹。新世纪关于“三农”的5个中央一号文件，其核心思想则是城市支持农村、工业反哺农业，通过一系列多予、少取、放活的政策措施，使农民休养生息，重点强调了农民增收，给农民平等权利，给农村优先地位，给农业更多反哺。鼓励农民进城务工、经营，推进农业机械化作业、规模化经营。

粮食生产实现连续多年增产，2008 年全国粮食总产量达 50150 万吨，新世纪以来首次突破 5 亿吨大关。农民人均纯收入 2008 年突破 4140 元，实现连续四年增幅超过 6%。农民生活水平明显提高，农村恩格尔系数由 2002 年的 46.25%下降到 2006 年的 43.02%。持续稳定的政策与不断向上的消费能力为面向“三农”的企业提供了巨大的市场需求。

名词解释：

无字碑，也称白碑或没字碑，指无字的石碑，为碑刻中的一种很独特的现象。无字碑的出现多由于一些主观和客观的历史原因，比如因为墓主的好与不好无法言说，比如最初带有预留性质而最终没有完成，也可能原先有字，因为一些自然和人为的原因变成无字，等等。最著名的两块无字碑一块为泰山登封台下无字的石碑，据传为秦始皇所立，一说为汉武帝所立；另一块则为陕西唐高宗李治、皇后武则天合葬乾陵的陵区有武则天无字碑。本书中天山实业集团用“无字碑”文化强化企业和员工对客户负责、对质量负责的精神和行为习惯，彰显品牌地产企业的质量承诺和社会责任。

第二篇 不战而胜

在不成熟的企业生态中建设健康的企业，其本身就是一种苛求和挑战，健康企业的成功之处就在于比别人更先看到规则游戏的底线和边界，在规则改变之前抓住机会，在规则改变之后找到出路。

1840~1976年，战争与运动曾经成为中国人生活的主要内容，由刀光剑影到口诛笔伐，国人练就了为生活而战、为生存而战的思维方式、处世方式和生活习惯。在兵荒马乱、你死我活的社会环境中，企业及其业主无法确立稳定的经营计划与发展目标，企业之间的关系更多的是攻击与暗算以及完全没有自主权的计划经济过程。20世纪80年代中后期，随着私营企业被融入经济主体，社会主义市场经济被写入宪法，确立企业发展战略被提上企业家特别是私营企业家的议事日程。最初的战略仍然基于求生的本能，于是，狡兔三窟被作为首选；而后，随着细分市场的产生与不断壮大，产业内的专业化分工出现雏形；之后，当知识分子和职业经理人成为创业主体时，开创新市场、新模式的蓝海战略成为企业奉行的战略选择。

第四章　鲁冠球的“篮子”与郭广昌的“鸡蛋”

世上都说兔子好，多元生存有妙招；

世上都说兔子好，狡兔三窟更牢靠。

第一节　洞里乾坤

强者凭威猛，弱者靠智慧。与食肉为生的兽类相比，兔子有更多的不安全感。这种不安全感逐渐积累，形成兔子为藏身、生产而多处挖洞或者一洞多口的求生与逃生本能。

兔子繁衍能力很强，2~3 个月就一窝。散养的母兔分娩前自己会挖洞，为了迷惑敌人会在不同的地方挖两三个洞，但只是用一个做产房，这就是人们常说的狡兔三窟。母兔的洞穴一两米长，洞口很大，便于母兔进出，为隐蔽起见，洞口经常选在草丛或树丛里。母兔生产后每天喂奶，出洞觅食的时候都用松土把洞口封好，不注意的，根本不知道那是洞口，进去的时候再打开。幼兔能自己吃食的时候常常是晚上夜深人静的时候或早晨天不亮的时候才出来。野兔的地下宫殿有许多个出入口，前门被堵，便从后门逃走。

第二节　多元纠结

和兔子一样，无论大小企业都有避险求生的基本需求。与狡兔三窟有所不同的是，中国企业设计更多的集团公司、关联及非关联公司是为了抓取更多的政策和商业机会。

光景好的时候，
好像猪都在天上飞，
兴奋的企业主们，
几乎没有功夫，
细数篮子里有多少鸡蛋，
他们最最热衷的，
是为机会准备更多的“篮子”。

——Kubi 日记

市场、政策、资本等多重机遇在不到十年的时间接踵而至，年轻的创业阶层大多数还没有做好消化这些机遇的准备。由于缺乏系统的管理知识学习和专业的咨询机构辅导，此时的创业英雄们并不真正关注多元化理论产生的背景和具体含义，他们选择“不把鸡蛋放到一个篮子里”，以规避行业风险，同时迎接更多的商业机会。

无论对学者还是企业，多元化是规模企业对产业机会和成长模式的战略选择之一，多元化并不注定企业会赢或者输。多元化的前提是企业具备了规模发展的资源、制度、团队和客户需求基础，不具备基本条件误入多元化道路的企业可能在强行起飞中暴毙。令人遗憾的是，热血沸腾中的中国企业无法按捺做大的冲动，他们如冯仑所言“错把蜜月当成日子”，各自编制了超越实际能力和市场需求的扩张计划，在遍地黄金的虚幻梦想中很快陷入无法自拔的泥潭。

三九集团以医药起家，通过多年的发展，999 品牌在医药行业享有盛名，旗下的三九医药股份有限公司更是投资者关注的重点之一。自 1992 年开始，三九集团经历了中外合资、增资扩股、买壳上市、自行上市等一系列重大资本运作后，一度缔造为一个横跨多个产业，资产达 200 亿元的产业王国，是国内最大的重要制造商，连续多年成为中国 500 强企业。但是，随着多元化经营的理念在企业经营者决策思路中的确立，追求规模最大化而非效益最大化成了三九集团的既定路线。受地方政府和有关方面的推波助澜，三九集团接收了一系列与主业没有一点联系的企业如贸易公司、被服厂、宾馆酒店。在短短的几年内，下属企业增加到 300 多家。有些产业，不仅不能与主业发展形成协同效应，反而分散了集团的资源和注意力。

于是，在辉煌的背景下三九集团的首次危机爆发了。2001 年，中国证监会对其最核心企业三九医药做出通报批评，披露上市公司控股股东三九集团占用资金高达 25 亿元；2003 年，三九集团再陷债务危机，多达 21 家债权银行开始集中追讨债务并纷纷起诉，“三九系”整体银行债务被曝高达 98 亿元。随着原董事长赵新先的落马，曾经盛极一时的三九集团也陷入了困境。2007 年 3 月，国资委选定华润集团为三九重组的战略投资者，经国务院批准正式实施资本重组。

三九集团的多元化路径看似迷惘，实际上逻辑并不难懂：创始人产权缺位是三九集团的硬伤，赵新先在法律上无法确立自己的应得利益，因此也无从追究其在企业运营中应担负的责任。主管部门精心投入三九集团的具体运营，但在创业及经营团队股权激励和权力约束上无所作为，最终形成赵新先书记、董事长、总经理、监事长一人全包的“无法无天”局面。值得深思的是，类似悲剧事件接连在广东发生：科龙的衰落、健力宝的完败、万家乐的沉没，其后都隐藏着国资或集体企业投资人与创业企业家产权纠葛的致命伤痛。失去利益驱动的创业企业家剑走偏锋，玩起大而失当的哗众取宠游戏，最后将企业送上不归路。与其说赵新先们的陨落是个人性格的归宿，倒不如说企业环境与企业生态注定了他们辉煌之后的失重和坠落。与三九集团相似，现实中多元化有着不计其数的失败案例，比如巨人集团的汉卡、保健品、房地产三元运作，被不断膨胀的巨人大厦梦想拖垮；顾雏军制冷剂、空调、冰箱、洗衣机四面出击，锒铛入狱；等等。但是，部分企业的多元化失败并不能说明多元化理念或者方法不成立，而是因为相关企业在错的时间、错的背景下使用了对的工具。正如罗清启所言，“中国很多多元化的失败都是没有能力多元化，而不是多元化本身的失败”。同样是多元化，万向的鲁冠球和复星集团的郭广昌为我们呈现了令人钦佩的答卷。

第三节　为机会准备更多的“篮子”

知识聚集时，

期待大智慧；

财富聚集时，

期待大机会；

优秀企业聚集时，

期待基业长青的旗舰。

——**Kubi 日记**

Kubi 取经之行的下一站是民营经济充满活力的浙江萧山。全国工商联 2010 年民营企业 500 强名单中，江浙两省 309 家上榜；2009 年“中国民营企业 500 家”名录中浙江省共有 180 家民营企业入围，其中杭州市萧山区 28 家。纵然我们有一万个理由为江浙之外其他地区的大型民企数量少开脱，但我们没有理由不对浙江民营经济的活力和实力肃然起敬。

出生于杭州萧山普通农家的鲁冠球为改变自己的命运，1962 年初中毕业辍学后创办了一家米面加工厂。后因被有关人士斥为办地下黑工厂而遭关闭，机器被廉价拍卖，他只好出卖刚过世的祖父遗下的三间旧房，得以还清向亲友借贷的 3000 元欠款。与此类似，他先后三次将祖父、父亲和他自己的房产都变卖了，6 年搬过七次家，每天东躲西藏，为的只是干出一番自己的事业。

物竞天择，外部气候条件不具备的时候，个人创业冲动不幸成为一次又一次的人生教训。

虽然，几次创业几乎使他倾家荡产，但却使他在当地有了名声。1969 年，年仅 24 岁的鲁冠球受宁围公社领导邀请，出掌宁围公社农机修配厂，鲁冠球有过米面厂的痛苦经历，他吸取经验东钻西闯，好不容易找到了一条能够让农机厂活下来的缝隙——为周边公社的农具提供配套生产，比如饲料机上的榔头、打板，拖拉机上的尾轮叉，柴油机上的油嘴，要什么做什么。

多元化是一种历史选择，需求多元化催生产品多元化；单品需求弱势，导致企业走上系列产品生产之路。社会分工一直在由市场需求主导，尽管计划经

济做了长达30年的努力企图改变这种规律，最终还是让市场占了上风。

之后的10年间，鲁冠球通过作坊式生产，生产犁刀、铁耙、万向节、失蜡铸钢等五花八门的产品，艰难地完成了最初的原始积累。1978年，农机厂年产值已到300万元，厂门口并排挂上了宁围农机厂、宁围轴承厂、宁围链条厂、宁围失蜡铸钢厂等多块牌子，到这一年的秋天，他将宁围万向节厂改名为萧山万向节厂。这便是今天万向集团的前身。

从产品多元化到企业招牌的多元化，再从招牌多元化滤出主导产品的专营之路，鲁冠球的每次调整都不是基于主观理论而是基于市场需求与竞争环境的变化。

1979年，鲁冠球开始调整战略，放弃“多角经营”，集中力量专业化生产汽车万向节，1990~1999年，鲁冠球创建万向集团公司，发起由制造业向资本市场的扩张。1993年11月，万向集团所属万向钱潮股份有限公司的“万向钱潮”股票在深圳证券交易所上市。

2000~2001年，万向集团先后吃下了3家上市公司。2000年6月，万向集团作为战略投资者受让华冠科技39.58%的股权，成为该公司第二大股东。2002年9月，华冠科技发行4000万A股在上交所上市；2001年8月又成功收购美国纳斯达克上市公司UAI；2001年底又收购上市公司“承德露露”26%的股权，仅次于露露集团38.9%的持股量成为公司第二大股东。

近几年，公司还以股权换市场，设备换市场，让利换市场，无形资产收购等资本经营与发展实业相结合的运作技巧，先后在美国、英国、德国、加拿大等7个国家建立起18家公司，步步融入国际市场。2008年，《福布斯》(中文版)的评价更具战略性：“万向集团在美国汽车零部件领域的成功并购和发展，使其掌舵人鲁冠球成为该领域的全球领袖。”

股市搏击赢得充裕的现金流，国际开拓打开更宽阔的销售管道和市场空间，

万向集团在专业与多元的腾挪中始终没有减弱自己在核心主业上的竞争力与话语权，反倒巩固并强化了自己在汽车配件领域的全球霸主地位。

事实上，1990 年以后，万向节在万向产品中的比重已经很小。1993 年企业更名为万向集团。如今，万向主业汽车零部件已发展为拥有十字轴万向节、等速万向节、轴承、传动轴、滚动体、减震器、传动系统、制动系统、悬挂系统等相关多元化格局。万向集团（工业）公司现运营万向电动汽车、万向研究院、万向钱潮、万向美国、万向资源、万向财务、顺发恒业等 15 家主营公司；为国务院 120 家试点企业集团。万向三农集团公司是鲁冠球为发展、服务于“农业、农村、农民”，回馈农业的战略平台。现运营万向德农、承德露露、远洋渔业、德华木业等 6 家主营公司，拥有“德农”、“露露”、“兔宝宝”等多个驰名商标。

鲁冠球说“失败有规律，成功没规律”，他一再告诫研究和试图模仿万向集团的人万向模式不可学。无论是专业化还是多元化，对鲁冠球而言都是企业对机会的开发与把握能力的体现与抉择，历史教会我们过去什么是对的，历史从不告诉我们未来什么是对的，更没有机会告诉我们什么东西永远是对的。

据《万向报》2010 年 11 月 15 日消息，在中国企业联合会、中国企业家协会发布的中国企业 500 强排名中，万向集团公司以 514 亿元的年营业收入位列“2010 中国企业 500 强”第 118 位，领跑汽车零部件企业。在同日发布的 2010 中国制造业 500 强排名中，万向位列第 50 位。 据悉，中国企业 500 强榜单以上一年企业营业收入为主要依据进行排序并发布。自 2002 年以来，万向已连续 9 年荣登其列。

与萧山活跃发达的商业氛围不同，浙江东阳自古就有“勤耕苦读”之风，在历史上累计进士题名共有 305 人，其中武状元 6 人，曾任正副宰相的 5人。目前在国内外工作的东阳籍博士和博士后有 300 多名，其中中国科学院学部委员 4 名，具有教授、研究员等高级职称的东阳籍人士达 2100 余人，被《人民日报》称誉为“百名博士汇一市，千位教授同故乡”。然而，令Kubi仰慕的不仅仅是闻名遐迩的高官巨匠，还有长袖善舞的民营产业投资领军人物郭广昌。哲学系科班毕业的郭广昌如今是国内最大的综合类民营企业——复星国际的掌门。郭广昌的复星系已经形成了涉及生物制药、钢铁、房地产、信息产业、商贸流通、金融等多个领域的庞大产业规模，直接、间接控股和参股的公司逾100家，2010年资产规模突破千亿元。

复星国际始于1992年创办的上海广信科技咨询公司，最初业务是从事市场调查咨询、销售医疗诊断产品及有关服务。郭广昌的创业资金源于老师的借款，38000元的资金使他没有勇气和信心投资实业。调查咨询和商务服务可能是当初甚至包括现在从资金上进入门槛最低的行业之一。但在进入门槛低的同时，还有一个冷血的事实——调查咨询业在中国尚处于市场需求发育初期，新生的本土服务机构与外资品牌存在悬殊的经验、资历和综合实力差距，仅有的些许需求几乎被外资机构垄断。

1994年，复星实业成立并开始独立经营医药业务。从代理销售到自己生产医疗诊断试剂是复星创业史上的一次跨越，如果说代理销售有助于解决公司赖以生存的现金流的话，自有产品的生产则确立了复星实业的利润来源和产品定价权。

1998年，复星实业上市，上市后业务拓展到医药流通企业、医疗器械、中药、化学合成药等领域，医药板块也成为复星集团最早对接资本市场的业务。2003年，复星投资国药控股。2009年，国药控股在香港上市。

改革开放以来，中国企业有三次大的机遇：第一次是1992年，邓小平南方讲话后，知识分子可以下海办公司；第二次就是资本市场从审批制转为核准制，让一些业绩不错的公司特别是民营企业有了机会；第三次是1998年国有企业退出非竞争性行业的机会。三次机遇，复星实业赶上并抓住三次，国有企业并购和股票上市使复星实业获得了资产整合和现金流充裕的绝好机会。从这个侧面讲，在中国，多元化有时候不是企业战略需要，而是企业迎合并抓取市场机会的需要，专业方向、专业板块、关联产业链发展。这时候，复星实业仍在坚守医药领域。

但与此同时，中国民企的第四次机遇降临。1998 年，中国政府正式决定取消单位福利住房制度，住房商品化自此成为未来十年甚至更长的时期内中国主要的经济支柱与发展引擎之一。资本在握的复星实业与同时代的所有企业一样很快加入了中国住房市场的分羹者行列，当年复星实业成立房地产开发公司，2004 年复星地产在香港上市。

此间，复星实业先后投资钢铁、矿业、零售、服务业及战略投资业务。2007 年，复星国际在香港交易所上市。2009 年年初，复星国际斥资 2.5 亿美元在美国纳斯达克二级市场上收购分众传媒 22.96%的股权。按照分众与新浪之间的换股计划，复星国际实现了一举两得，同时成为了分众传媒与新浪股份的单一第一大股东。2010 年，复星集团资产规模达到了 1000 多亿元，同年复星实业与凯雷合作，收购法国地中海俱乐部 7.1%股权。

与同时代热衷于资本运作的其他机构比较，复星实业之所以没有在扩张中沦陷和迷失，得益于郭广昌的哲学素养和他的领导团队中的遗传学因素（注：复星国际领导团队中郭广昌毕业于哲学系，其他三位梁信军、汪群斌、范伟均毕业于复旦大学遗传工程系）。哲学素养帮助他们深刻地领悟到商业的实质在于机会与资源的价值整合，如果失去机会和资源的支持，商人几乎难以立足。遗传学因素让他们较早地看到并确立了复星实业超越金钱的企业价值观即可传承的基因——为具备企业家精神的人提供成长与发展的资源和动力。

Kubi 点评

做企业既不是按图索骥，也不是照猫画虎。万向集团与复星实业的发展历程表明，多元化不是一种主观的战略设计，而是一种客观的市场选择。多元化是一个阶段、一个过程、一种选择，而不是放之四海而皆准的真理、道路和结论。多元化需要产业积累、政策环境、市场需求和企业架构与团队的支持和配合，没有一成不变的专营，也没有包治百病的多元。多元中有主业引领，专营中孕育着多元的基础与机会。把专业与多元对立起来是脱离实际的真空理论，如果企业家被误导，就可能成为不成熟的管理理论的牺牲品。

链接——

2005 年，家电咨询专家罗清启在他的《海尔告诉中国》中写道：“我们认为多元化的问题不仅仅是公司的本身产业的扩展问题，实际上更为重要的是公司所生存的市场环境的进化程度问题。就是说决定一家公司多元化成功与失败的关键是看市场中产业的进化程度是高还是低，尤其是在中国这种发展中的市场中尤其如此。”清华大学教授、知名经济学家魏杰认为，“多元化经营是要有前提的：一是企业的主业发展已经到了一个非常高的程度，市场占有率、技术水准、管理水平都无懈可击，产业的发展余地到顶了，剩余资本还有一大坨；二是进入的领域必须是优势所在。这两者缺一不可。”

第五章　万科的“瘦身法”与格力的“定位术”

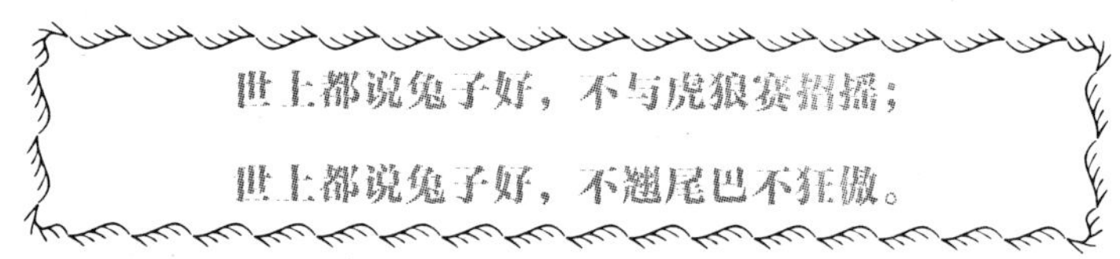

世上都说兔子好，不与虎狼赛招摇；

世上都说兔子好，不翘尾巴不狂傲。

第一节　长尾巴，短尾巴

传说很久以前，兔子也长着一条长长的毛茸茸的尾巴，每只兔子都因为长了一条漂亮尾巴而自豪。在森林里举行的选美大会上，兔子因为长了一条漂亮尾巴年年夺冠。得了这么多冠军的兔子，无论走到哪儿总要高高翘起尾巴。

百灵鸟看见兔子神气地摇着尾巴走来，会停止歌唱，悄悄躲到树丛里；梅花鹿看见兔子走来，会停下舞蹈，静静地躲到大树后面；孔雀看见兔子走来，就收起尾巴，低下头，等兔子过去才敢展开尾巴炫耀自己的美丽。

兔子一天比一天骄傲了，它希望森林里的所有动物都夸自己长得漂亮。它在森林里遇见别的动物只有一句话：“我的尾巴漂亮吗？”“漂亮！漂亮！真漂亮！”动物们都这么夸它。

兔子掐着指头算了算，森林里的动物就差老狼没夸过自己的尾巴了，可是它又不敢去问老狼，怕老狼吃了它。“这可怎么办呢？”它愁得好几天没吃下饭去。有一天兔子听说老狼中了猎人的圈套，被铁夹子夹断了腿，躲在山洞里快饿死了，它想：“这回可有机会了，我要趁老狼没有饿死，去问问它。”兔子急不可耐地跑到老狼躲藏的山洞，老狼趴在山洞里，饿得骨瘦如柴，昔日的威风一点也没有了。

“老狼，你说我的尾巴漂亮吗？”兔子走到离老狼几步远的地方冲老狼翘起大尾巴问。老狼眨巴几下狡猾的眼睛，想了想，有气无力地说：“我眼睛饿花了，看不清楚，你走近些。”兔子不敢过去，怕老狼咬它。“别怕，我就快死了。我一辈子干尽了坏事，很后悔，为了弥补过错，我想在临死前为森林里的动物做一件善事。”老狼说。

兔子想：“老狼瘦得就剩骨头了，就是想吃我也没有力气。”兔子这么一想，就壮着胆子走过去。兔子背过身，让尾巴对着老狼，老狼张开嘴巴咬兔子的尾巴，就差一点没够着。

老狼说：“兔子你靠近点，我还是看不清楚。”兔子又向后挪了几步，老狼一口咬住兔子的尾巴。兔子疼痛难忍，使劲向前拽尾巴，老狼使出吃奶的力气向后拽兔子的尾巴。它们就这样僵持了10分钟，就听“砰”的一声响，兔子尾巴被拽断了。老狼力气用尽累死了，而兔子从此便剩下一条短得不能再短的尾巴了。

从此，兔子不再忙于让别人夸赞自己的尾巴，被咬断尾巴的兔子很长的时间羞于出门，即使出门也忘不了夹紧尾巴不声不响地行动。多年以后，大家发现短尾巴竟成了兔子的长处，短尾巴阻力小、声音小，利于兔子在发现目标或者发现危险时快速奔跑。同时，短尾巴简短、精干，非常方便兔子在草丛或树林中藏身。从长尾到短尾兔子经历了痛苦的演变，从特长到“特短”再到特长，兔子完成了一次彻底的心灵的修炼。

资料来源：根据“兔子尾巴的由来”故事改编。原文出处：http：//www.cc222.com/diary/read.asp?diaryid=177818。

第二节　多元与专一

人们与兔子一样，同样会沉湎于昨日的辉煌，经常会在对成功往事的自恋中故步自封，或许有一天这些往事成为负担和累赘我们全然不知，不忍割舍，直到尾大不掉，无法进步。

20 世纪 80 年代，创业的主流公司多元化色彩较浓，这些多元化公司历史普遍较短，利用特区或特定时期中央政府所提供的种种优惠政策起家，从贸易、加工到房地产、股票，追逐短期高额利润，故而形成多元化的业务架构。深圳的几家老牌上市公司如宝安、万科、金田、安达等多属此类。作为企业的原始积累，这种做法尽管有博弈的色彩，仍属于合理的范畴。但到了 20 世纪 90 年代，社会平均利润逐渐形成，获得暴利的机会越来越少，企业多元化投资的风险却越来越大。尽管有的企业在扮演投资银行的角色，但它的资金来源却不是金融业，风险系数就不言而喻了。从资源配置讲，多元化经营必然造成管理资源分散，企业的抗风险性降低，无法在该行业形成规模。而小规模生产显然无法适应日益激烈的市场竞争，业务架构面临调整，由原有的多元化结构逐步向专业化结构调整成为企业迟早要过的一道坎。万科与格力的发展恰恰证明了这一点。

第三节　让生意简单起来

从上海到深圳距离并不遥远，但对Kubi而言却经历了城市文化的跨越，就好比由伦敦到纽约，一样的现代韵味，却呈现出性格迥异的城市文化，一个像职场白领一样精致而凝重，另一个则像着运动装的在校生一样阳光而亲和。深圳是中国城市化国际化的标本，是中国对外交往的重要国际门户，是中国改革开放和现代化建设的精彩缩影。作为改革开放窗口和新兴移民城市，加之独特的地缘和人文环境，造就了深圳文化的开放、包容与创新的个性，是最适宜海内外英才创业拓展的活力之都。这个没有历史沉疴的城市造就了许多创业故事和财富传奇，成为年轻人人生历练的梦工场。

1984年，王石用玉米生意挣来的钱创建万科，当时公司全称为深圳现代科教仪器展销中心。刚开始，万科是做电器仪器，以进口日本产品为主，如索尼、松下、JVC等。当然，其他业务也做得很热闹，如服装厂、手表厂、饮料厂、印刷厂、K金首饰厂，由于生意越来越好，业务一再扩展。此时，万科的决策者正做着“贸易王国”的好梦。1988年11月，万科实现了股份化改造，正式更名为万科企业股份公司。经过了极为艰难的股份制改造过程，完成了万科股权的清晰化和规范化，现代企业制度有了雏形。但是产业方向的选择，却依旧睡眼迷离。

万科从1992年起逐步实行“向专业结构调整”的策略，向以房地产为核心业务的专业化方向调整，使得房地产利润的比例在公司利润总额的比重不断加大，由1992年的44.76%上升到1994年的68.58%，1995年进一步增长到75%

以上。对于非核心业务，集团也在继续进行资源整合。1997 年 10 月，万科协议转让属下两个工业项目——深圳万科工业扬声器制造厂及深圳万科供电服务公司，并且万科坚决进行了这一资源重组，继续把怡宝蒸馏水等较有潜力同时投资较大的企业出售重组。因为万科已不适合对其非核心业务进行更多的投入，将怡宝等这些成长型业务出售反而更有利于它自身的发展，而万科把这个思路一直坚持下去。直到 2001 年，万科把辛苦十年打造的名牌零售业公司——万佳百货也全部售予华润创业。

万科的做减法用了将近十年的时间，这个过程就好比断肢与剪尾，先是把与房地产无关的产业斩断，接着用外包的办法剪去商业地产部分，直到简约成专业的品牌住宅制造商。

2007 年 7 月 10 日，万科企业股份有限公司发布公告，万科与嘉德置地的全资子公司凯德商用产业有限公司签署战略合作大纲，将其开发项目中的商业部分与凯德商用展开合作。这意味着，万科将其业务链条中所有商业地产项目全面外包。万科的减法战略再次升级，从住宅产业体系外的修枝剪叶进入到体系内部的全面优化，多元的万科要成为专业的品牌住宅供应商。

20 年后，万科已成为房地产行业乃至中国资本市场的一个标杆。1991 年 1 月 29 日，万科 A 以 14.58 元的价格挂牌深圳证券交易所，成为深市最早期的“老五股”之一。20 年即将过去，如今万科 A 复权股价已高达千元。如此的数据不难看出，万科 A 已成为 A 股市场价值投资理念的坐标式企业。

万科企业股份有限公司 2011 年 1 月 5 日公布了 2010 年 12 月销售及新增项目情况。公告显示，2010 年万科实现销售面积 897.7 万平方米，销售金额 1081.6 亿元，同比分别增长 35.3%和 70.5%。至此，作为全国首个年销售额达到千亿级的住宅企业，万科全年销售业绩完美收官。

离开深圳，Kubi 来到素有“百岛之市”美誉的珠海。珠海是中国重要的口岸城市，东邻香港，南与澳门陆路相接，是珠三角各市中海域面积最大、岛屿最多的城市。

珠海生态环境优美，山水相间，陆岛相望，气候宜人，是全国唯一以整体城市景观入选“全国旅游胜地四十佳”的城市，荣膺“中国最具幸福感城市”和“中国和谐名城”等称号。

珠海唐家湾，曾留下不少历史名人的足迹：孙中山、程璧光鲜、林森、孙科、吴铁城、胡汉民、陈庆云、陈铭枢、张继、叶剑英、朱德、梅兰芳、马师曾……其缘故与唐家湾的人杰地灵有着很大关系。

如今，在名人林立的珠海增加了一个厚重的地标级名片——格力电器。2010年，格力电器销售额突破600亿元。1996年，格力电器上市，格力空调从这一年起连续11年产销量和市场占有率均居行业第一。历经近20年的发展，扎根珠海的格力电器，已成为全球最大的专业空调制造商，拥有珠海、重庆、合肥、巴西、巴基斯坦、越南六大生产基地。

据悉，格力电器目前拥有全球规模最大的专业空调研发中心，先后成立了制冷技术研究院、机电技术研究院和家电技术研究院三个基础性研究院，建成300多个实验室。中国制冷行业唯一国家工程技术研究中心——“国家节能环保制冷设备工程技术研究中心”也于2009年落户格力。格力电器在国内外累计拥有专利3500多项，其中发明专利350多项，是中国空调行业中拥有专利技术最多的企业。作为国内最早启动节能技术研究的企业，格力电器1993年就成立了节能技术科研小组，长期跟踪、研究前沿的节能技术。截至2010年7月，格力电器已通过国家节能认证的产品4535个，其中家用3282个，商用1253个，位居行业榜首。

通过一系列产品的实践，格力电器技术创新的实力逐步显现。2005年8月，由格力电器自主开发、具有自主知识产权的离心式冷水机组正式下线，填补了国内空白；2006 年 4 月，世界第一台热回收数码多联机组问世，打破了传统空调单一主机只能统一制冷或制热的局限；2010 年 7 月，格力电器自主研发的高效离心式冷水机组、超高效定速压缩机、G10 低频控制技术在北京人民大会堂全球首发，经国家权威部门鉴定，三项技术均达到“国际领先”水平，分别代表了中央空调、定频、变频领域的最高技术水平。

Kubi 点评

创业好比下围棋，新手上路不妨先从金角、银边学起，这时候赢不是关键，成活最关键。专业的、局部的、边缘的市场很可能为微型及中小企业提供生存与成长空间。最忌讳功力不到先图做大做强，八方造势、四面出击，围一个漏洞百出的草包肚子以为胜券在握，最后被人各个击破，全军覆没。胜败乃兵家常事，不活则失去了立足的根本和翻身的机会。

健康的企业并不以“个大”制胜，健康的企业在创造客户价值的过程中实现生命力的再生和创新。在自然和社会变化中最容易被取代和淘汰的，不是最小的，也不是最弱的生命，而是失去免疫力、抵抗力和独特价值的生命。

对照案例——李宁，专业品牌的无“心”之过[①]

2006 年前，日本管理学家大前研一提出了“M 型社会”的概念，宣布日本经济进入长期衰退阶段，中产阶级将会面临全面崩溃，中低阶层时代已经到来，社会将由中产阶级占大多数的枣核型变为两头大中间小的 M 型。按照这样的社会结构，中端市场的容量将呈萎缩之势。

---

① 张锐. 李宁公司的品牌之囧. 价值中国网；李宁品牌重塑：“哥凌乱了”. 中国企业家网.

这种趋势加速了中端品牌的消亡，而李宁，恰恰处于中端品牌定位。2007年，李宁公司聘请Ziba调研李宁品牌的现状，结论是品牌老化严重，购买人群年龄偏大，核心消费群体的年龄在35~45岁。宽泛而言，体育产品的消费群介于15~45岁。调研的结果意味着，再过5年，原有的核心消费群将可能大大减少对体育产品的消费，对于李宁来说，问题则成为：后续的增长何以为继？

一、李宁老矣，尚能“贩”否

20世纪90年代初，中国进入品牌消费的初级阶段，当时的人们是消费“名牌”。人们不会刻意区分不同场合下的着装要求，于是，李宁与雅戈尔、杉杉、虎都等西服品牌放在一起，被视为中国名牌的代名词。体操王子个人品牌的溢出效应为李宁带来第一次高速发展。更为重要的是，这个品牌甚至成为一代人的体面回忆。

在2003年、2004年相继被耐克、阿迪达斯超越后，李宁公司内部已经意识到李宁品牌定位略为尴尬。高端市场盘踞着耐克、阿迪达斯，中低端市场聚集着大批晋江公司。

2000年过后，耐克、阿迪达斯逐步加大对中国市场的投入，它们带着由全世界顶级体育和时尚明星诠释的各类广告到中国造梦，它们迷住了年轻人。李宁逐渐被视为不够年轻的品牌。

李宁2011年年报显示，全年实现营业收入89.29亿元，较上年减少近5亿元。同时，毛利下降8.02个百分点至46.1%，在五大体育用品商中仍居首位；然而李宁在营收未见显著增长反而小幅下降5.8%的情况下，成本却未得到有效控制，经销成本和行政开支合计较上年增长3%达32.23亿元。一升一降令李宁净利润仅为3.86亿元，不及五大体育品牌倒数第二的匹克体育净利7.8亿元的一半，无奈垫底。继2011年营业收入、毛利和净利润三项指标同比大幅下滑并且痛失国内运动品牌第一的王座之后，2012年李宁公司业绩继续恶化。

李宁公司3月30日发布的年报显示：净利润同比大降65.2%，毛利率下滑至46.1%。据最新公告，2012年上半年李宁公司鞋产品的订单金额按年计呈双位数下降之势，服装产品年跌幅则超过20%。至此，在内地五家赴港上市的体育用品公司中，李宁公司净利润已掉至队尾。

二、“让改变发生”，是变形还是变心

由前奥运冠军李宁创立的品牌“李宁”，对中国人来说，不仅仅是体育用品，李宁代表着挑战自我、不断超越的精神和力量。这种力量不以年龄为界限，不以国界为界限，不以性别为界限。人们拥戴李宁，意味着对冠军、对荣耀、对民族自豪感的追求和认同。诞生于中国市场品牌消费意识萌生的阶段，决定了自创立之初，李宁的第一批主要消费者并不仅仅是以青少年为代表的群体，而是在社会中痴迷体育精神，渴望成功荣耀、渴望被世界认可并有一定购买能力的中坚人群。

北京奥运会之后，李宁公司发布了以“品牌重塑”和“管道变革”为主要内容的转型战略。人们看到，李宁公司广告口号由先前的“一切皆有可能”（Anything is Possible）改为“让改变发生”（Make the Change）。李宁公司品牌重塑的意图非常明显，即大幅度提升品牌价值，并利用“90后”新知新觉的消费特征来直接获取品牌心智占位，完成从成本驱动型商业模式到价值驱动型商业模式的华丽转身。

正如《中国经营报》“李宁：品牌的中国式瓶颈”一文所言，运动装备行业的本质不是产品，是一种生活方式，一种生活态度、生活理念。用户选择品牌的本质是选择与我的气质、我的想法、我的个性相符合的品牌与产品。李宁公司在改正错误的企图中犯下更大的错误：李宁公司欠缺的是对消费需求的研究

与沟通，需要解决的是针对消费需求变化延伸和丰富产品线问题。更具体地讲，就是说李宁需要解决的是市场研究和产品研发的针对性问题，而不是对“挑战自我，不断超越”的品牌内涵和“一切皆有可能”的品牌精神的彻底否定和抛弃。如今，已经“Make the Change”的李宁在改变自己的过程中丢失了灵魂，成了失去追求的时尚消费品，泼洗澡水的时候把孩子一齐泼出去了。

三、诡异的“90后”定位

在李宁的品牌重塑过程中，特劳特说：“《韦氏词典》对战略的定义是针对敌人（竞争对手）确立最具优势的位置，这正好是选定位要做的工作”，要点在于避开竞争对手在顾客心智中的强势，或者利用其强势中蕴涵的弱点，确立品牌的优势位置。李宁公司重新定位顾客群体，把目标锁定为“90后”，可以说是对既有客户价值的否定和背叛。因为目标客户是一个动态概念，李宁公司创业之初，尽管没有系统的客户定位，但至少吸引了崇尚成功、追求超越的李宁粉丝们，这种崇尚与追求构成了这个人群的生活方式与消费特征，这种价值观与消费倾向的延展与传承并不以时代和年龄为必要条件，不是说“60后”有这种倾向，“70后”,“80后”,“90后”就没有了，或者30~40岁有这种倾向，更年轻或者更老的人就没有了。此外，李宁公司的“90后”定位并没有实现与阿迪达斯、耐克等竞争品牌的区隔，未能实现品牌个性与竞争优势的界定。

四、如何做一个有灵魂的公司

大众消费者对耐克、阿迪达斯的品牌认知，都会趋向“专业的、时尚的、酷的”，但对于李宁公司，消费者无疑怀有比运动、比时尚用品更高的期待和向往，因为在所有国产消费品中，李宁是仅有的原创且能体现民族荣耀的中国符号。因此，李宁公司必须在洋品牌的堵截和国产品牌的围追中找回领导力。

综观李宁公司的纠偏路径，目前更多地还停留在整形美容式的“外科手术”上，而较少从治本的角度考虑挖掘并确立企业价值观，将更多的注意力转移到企业文化建设和客户价值再造上来。在未来的市场发展过程中，走价值增长的路线是中国本土企业必然要面对的问题。只是李宁公司作为中国体育用品企业的“领头羊”，较早地遇到了这样的问题。目前，其他本土体育用品企业在低端市场还有一些存量的基础，还有冲击市场的机会，但是如果不挖掘自身的品牌价值，随着国际品牌的管道下沉，本土企业有可能会在激烈的竞争中丢掉阵地。李宁现在所走的路，其实也给一些本土企业发展的路径提供了借鉴。

第六章 亚都的“空气商机”与万达的“城市综合体”

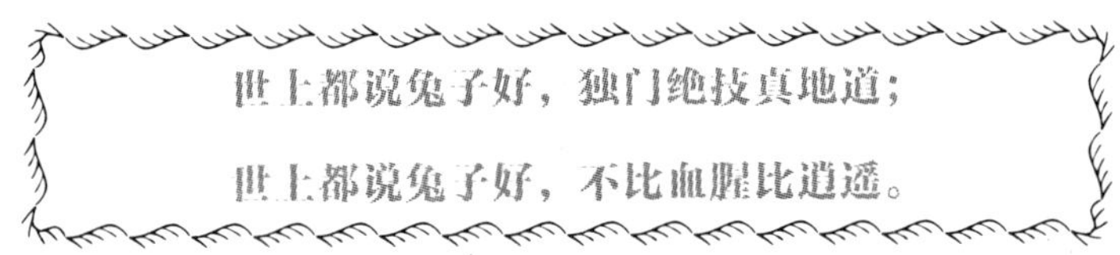

世上都说兔子好，独门绝技真地道；

世上都说兔子好，不比血腥比逍遥。

第一节 不同凡想

当兽类争相吃肉的时候，兔子选择吃草；当鸟类争相唱歌的时候，兔子选择沉默；当豺狼虎豹为争食物血流成河的时候，兔子躲在洞穴里享受储备的粮草；当食物链变成灭门通路时，兔子陷入深思：难道竞争是必需的生活方式吗？难道生命的存在必须以消灭对方为代价吗？难道血腥能带来更持久的繁荣吗？

这个世界约定俗成了好多规则，但更多的规则是斗争，是损人利己、你死我活的规则，长期的规则传承反倒让相当多的物种灭绝。动物学家研究发现，动物与人类的区别之一就是动物不懂得分享与交换，从来没有见过一只狗与另一只狗交换骨头。Kubi 不知道问题出在哪里，但肯定是有地方不对劲儿。

第二节　发现新江湖

当兔子为世间生存的残酷性陷入困惑时，人类也在为类似的问题焦虑。工业文明产生以来，达尔文的生物进化论渗透到社会的各个方面，竞争成为赢得生存权的重要途径。最初源于自然资源的商业模式加剧了企业之间对资源（土地、矿产、森林及海洋）的掠夺与争抢。劳动力成为商品以后，对廉价劳动力的压榨与剥夺成为剩余价值的主要来源。机器及生产流水线投入使用之后，经营管理技术取代生产工人成为制造企业的主宰力量。后来，重化工业与新能源曾经唤起人们对现代工业的人性化希冀。遗憾的是，任何一种新技术的产生，都未能改变商业社会的血腥竞争。有限的资源、有限的市场、有限的利润成为无限追求、无限欲望的变现“瓶颈”。兵法三十六计、毛泽东的战争哲学和迈克尔·波特的竞争战略先后成为企业生存与发展的圣经，游击战、运动战、歼灭战、伏击战、持久战、人海战以及“农村包围城市最后夺取城市”的战略战术指导小型企业赢得生存权和市场份额；以竞争为出发点的多元化、专业化、低成本搏杀策略让商业世界变成“红海”汪洋，“打败”与“胜出”成为企业生活的主旋律。针对上述形势，W.钱·金（W. Chan Kim）和勒妮·莫博涅（Renée Mauborgne）于 2005 年 2 月在二人合著的《蓝海战略》中提出蓝海战略。蓝海战略认为，聚焦于红海等于接受了商战的限制性因素，即在有限的土地上求胜，却否认了商业世界开创新市场的可能。运用蓝海战略，视线将超越竞争对手移向买方需求，跨越现有竞争边界，将不同市场的买方价值元素筛选并重新排序，从给定结构下的定位选择向改变市场结构本身转变。

莫博涅认为，“红海指的是怎样击败竞争对手，通常通过价格战、货品化、低成本来实现，然而蓝海指的是彻底甩开竞争对手。蓝海战略通过同时实现差异化和低成本来开创全新的市场。这是我们所有的企业力图实现的，同时做到差异化和低成本，建立一个强有力的品牌，彻底摆脱竞争，是蓝海战略想达到的目的。”

企业发展史一再证明，理论的东西是对企业实践的总结和提炼。早在蓝海战略出笼之前，国内外企业家已经在蓝海之上扬帆前行。他们一如勤奋的兔子，在同质化的世界执著地寻找着属于自己的草地。

第三节　爽，自创江湖

2008 年 8 月 8 日，古老而伟大的北京集大国之智慧为全球呈现了一幅壮美的奥运画卷：华表的影像流淌在徐徐展开的巨大卷轴上，“飞鸟”和“鲸鱼”自在翱翔于“鸟巢”上空，人类在冉冉升起的蔚蓝色星球上漫步，闪烁的星空变幻成通体晶莹的“鸟巢”……视觉和感官上的震撼，让观众切实感受到“同一个梦想”。

北京奥运会开幕式采用了历届奥运会最复杂的技术系统，采用了大量世界尖端的新技术，具有鲜明的特点。非凡的光影效果为本届开幕式的成功奠定了基础，在地面系统，则用地下舞台浮出“画轴”，徐徐展开中华五千年历史。“地球”的创意十分新颖，也是最能表现“同一个世界、同一个梦想”的亮点。“地球”上装有九个轨道，58 名演员用威亚拉着，像失重般进行倒立行走及空翻等高难度动作。

然而，奥运并不代表“北京制造”本身，北京工业令人骄傲的记忆依稀成为历史，曾经知名的牡丹、雪花悄然陨落。当今的北京制造实难唤醒人们对一个国际型都市在价值创造能力上应有的尊重。北京怎么了？北京是否正在成为失去创造力的空心都市呢？

人们对北京的担心并非空穴来风，日常生活中人们耳熟能详的品牌很少再听到来自北京的印记，48个世界非物质文化遗产和两所知名学府正在取代工业品牌成为北京递给世界的名片。北京还好吗？

带着对北京的关注与期待，Kubi来到久负盛名的中关村寻找这个城市的创新动力，有一家以研发擅长的企业启动了Kubi对这个城市的期待与尊重。这家企业经过近20年的孤独耕耘，开垦了中国的室内优质空气市场，2008年荣幸地成为北京奥运会空气净化产品独家供应商，博得北京中关村高科技园区常青树美称。企业的名字是北京亚都科技股份有限公司。

这家有着22年历史的公司目前是中国最大的空气加湿器和净化器企业，在全球室内空气质量领域排名第二，年销售额超过5亿元，每年平均销售增长率在20%以上，掌握着这个行业全球70%以上的核心技术，占据国内市场60%以上的份额。

亚都公司创立于1987年，是国内空气质量（IAQ）领域著名企业，是国家科技部首批认定的“民营高新技术企业”和中关村科技园区的优秀新技术企业。2006年9月，亚都公司成功完成海外融资，成为中外合资民营股份制企业——北京亚都室内环保科技有限公司。目前公司总资产7亿多元，拥有员工2000多人，已发展成为室内环保产业领域的顶尖企业。

生在地震高发带，你就得接受地震的考验；生在火山频发带，你就得习惯应对火山爆发的挑战。企业战略定位决定了你的生存成本与生活方式。拾荒的人很容易陷入竞争与火并，开荒的人则有可能避开竞争与杀戮，更主动地享受绿地丛林和满园果实，因为很少有人能经受开荒过程的孤独与艰辛。

长期以来，亚都加湿器在冬季干燥的北方市场已经站稳脚跟。但由于产品结构单一、受季节限制，亚都仍然只是一个区域性的品牌。何鲁敏一直在努力地调整产品结构，从北方市场的加湿器到南方市场的除湿机，再到针对装修污染、面向全国市场的净化器。2007 年，在亚都 200 万台产品中，加湿器、净化器和除湿机的利润贡献比重分别为 50%、40%和 10%。

赞助奥运会对于中小企业来说的确是一笔不小的投资，但品牌提升效果也十分显著。根据亚都的市场调查，奥运会之后亚都仅在上海地区的品牌认知度上升了 83%。何鲁敏认为，奥运效应会在 2009 年真正显现出来。首先，2008 年底奥运赞助费已经全部扣完，2009 年利润将大幅提升。其次，产品调整、消费者认知和市场拓展都需要一个过程，他估计 2009 年亚都的销售收入增长幅度超过了 40%。

身为亚都董事长的何鲁敏同时也是亚都公司的首席科学家，他十分看重奥运对技术的拉动作用。奥运期间，亚都公司共完成了 4 个国家级科研项目，为奥运研发的新产品数量占产品种类总量的 10%。这些新产品已陆续投放到大众消费市场，而新技术无疑提高了亚都的利润率。

领导者的成就来源于立意、视野、胸怀、技巧和道德自律。一个行业如果领导者没有野心和道德底线，很可能为行业未来埋下定时炸弹。在空气质量领域，亚都 20 年耕耘，超 10 亿元投入播种了“空气湿度”和“空气洁净度”概念，随着市场成熟，消费趋热，不少知名不知名的企业相继加入分羹行列。奥运战略就是亚都与竞争品牌拉开距离的招数之一。据何鲁敏先生透露，目前国内关于空气质量领域的 11 个国家标准，都是由亚都科研团队亲自参与的，亚都一共拥有近千项专利。

为了保持在细分市场上的高质量和良好口碑，亚都公司坚持自己进行生产、加工——尽管北京的生产成本要比东莞等产业链完备的地方至少高出10%。亚都公司也曾一度尝试过外包，但发现质量很难控制。亚都公司不能允许在降低生产成本的同时，以产品质量损害为代价。

与其他行业的惨烈竞争相比，处于行业“领头羊”地位的亚都公司是一个不断地跟自己较劲的企业，要保证企业占据竞争优势，那就不要等别人打倒自己，要善于自己打倒自己。用新产品打倒老产品，用新的营销方法打倒旧的营销方法，用新的员工和团队冲击旧有的员工和团队，尽管用词还带有斗争年代的火药味，但亚都公司一直倡导内部竞争和不断创新。这种竞争与创新贯穿并渗透到产品研发、市场营销、服务运营、人员甄选和组织能力改善等方面。

2007年10月，亚都公司选择和迪斯尼合作，推出迪斯尼经典卡通形象的加湿器。根据双方签署的协议，迪斯尼权限内的卡通形象都可以由亚都公司来使用，实行双品牌战略。

亚都公司在海外市场普遍采用了品牌租赁的营销方式。比如在美国，租用西屋电器的牌子，按照出货量付费。目前，海外市场的销售额占到亚都公司总销售额的20%。

不管是差异化，还是蓝海战略，亚都公司从来不为理论所困而停止对创新的探索，概念的争执与理清交给专家教授，亚都公司继续做的还是在空气中淘金，没有任何东西能超过健康的呼吸给予生命的帮助。

与北京皇城文化的经典与厚重相比，大连流淌着更多的时尚元素与现代气息。作为中国著名的避暑胜地和旅游热点城市，大连依山傍海，气候宜人，夏无酷暑，冬无严寒，年平均气温为10℃，不仅有丰富的中国近代人文历史旅游资源，还有许多风景奇秀的自然旅游资源。每年一度的大连国际服装节、国际马拉松赛等大型活动，融经济、文化、旅游于一体，享誉海内外，给城市发展带来了无限商机和活力。

包括大连在内的东北地区曾经是中国基础装备产业的摇篮，大庆油田、长春汽车、沈阳重型机械、大连造船、机车制造等基础工业一直是东北人乃至全中国人引以自豪的资本。可惜，改革开放30多年以来，随着市场经济的逐步深入与成熟，东北地区并没有搭上经济高速发展的快车，珠三角、长三角、环渤海地区的政策倾斜和投入加大，特别是民营经济在东部沿海地区的不断壮大，进一步拉大了东北与东部发达地区的差距。振兴东北一度列上中央宏观计划，那么，东北振兴的龙头与动力究竟在哪儿呢？——激活民营企业。只有激活民间资本与创业活力，才能找到东北振兴的发展引擎。让Kubi兴奋的是，大连万达集团作为全国商业地产的领军企业，正在用令人震撼的速度与力量向人们传递东北企业的竞争优势与创新魅力。

大连万达集团创立于1988年，已形成商业地产、高级酒店、文化产业、连锁百货、旅游度假五大产业，企业资产1400亿元，年销售额800亿元，年纳税95亿元。万达集团已在全国开业33个万达广场、15家五星级酒店、600块电影银幕、26家连锁百货店、30家量贩KTV。

万达商业地产股份有限公司是中国商业地产行业的龙头企业，万达商业地产公司拥有全国唯一的商业规划研究院、全国性的商业地产建设团队、全国性的连锁商业管理公司，形成了商业地产的完整产业链和企业的核心竞争优势。

1986年7月，在“百万大裁军”的大背景下，王健林从部队转业任大连市西岗区人民政府办公室主任。1988年，王健林注册了今日万达的前身——大连市西岗区住宅开发总公司。次年，大连南山住宅项目成为西岗住宅开发总公司的奠基之作。南山住宅所挣的200万元成为王健林的第一桶金。

此后，王健林先后接手北京街和新开路旧城改造项目，成为当地有相当名气的旧城改造“专业户”。1993年，西岗区住宅开发总公司实现股份制改造，定名为万达集团股份有限公司，成为东北首批股份制试点企业之一。王健林任董事长兼总裁。

志得意满的王健林此间东突西撞、剑走偏锋，在赞助大连服装节和投资足球过程中积累了政商人脉和品牌基础。

1999 年，沃尔玛准备进入东北。王健林突然想到为沃尔玛这样的世界级商业企业开发地产项目。王健林的订单式商业地产模式由此创立，即携手世界知名商业企业，在全国各大城市发展购物广场，万达负责物业建设，租售给这些商业企业经营，并用这些知名品牌店构成的主力店来带动其他店铺的出租。

旧城改造起步，玩足球出名，开创订单式商业地产奠定行业地位，万达不断地吸引媒体和大众的眼球，并赚足魅力背后的利润。王健林的企业韬略远远超出一个地产暴发户的财富逻辑。

2000 年，大连万达和世界零售业巨头沃尔玛进行谈判。经过一年谈判，占地 6.5 万平方米、亚洲单体面积最大的沃尔玛购物中心屹立在长春重庆路金街龙头的万达商业广场。此后，万达集团与沃尔玛、家乐福等商家签订了联合发展协议，于 2002 年将商业地产模式在全国范围内推广。

如今，万达集团已经有了对政府推广的资本。万达广场不仅可以改变城市的面貌，树立新的地标，还能带来上万人的就业机会，创造数千万的税收。万达集团大多数项目都是来自政府的邀请，几乎没有在土地拍卖市场上有过竞争对手。在渡过初期的艰难征程后，万达集团已经用 27 个商业地产综合项目奠定了自己在商业地产绝对领军者的地位。通俗地看，住宅开发商好比计件考核的工人，盖完房子交给业主走人；商业地产开发商倒像地主，可长期享有地产衍生的商业增值。万达集团开发的订单式商业地产更是省却了营销的成本，几乎在开工之前销售已经完成。住宅、零售、酒店、影院，集生活、消费、旅居、休闲为一体的超大型城市综合体，以大容量的就业吸收能力、品牌号召力剧强的零售品牌和提升周边建筑综合价值的自成商圈特色形成了独具特色的企业和核心价值与竞争优势。

2011年7月9日，万达集团公布上半年业绩，当年1~6月收入618.2亿元，完成上半年计划的153%，同比增长69.7%，预计全年收入将突破1000亿元。其中，连锁百货收入同比增长200%，万达酒店公司收入同比增长100.8%，万达商业管理公司租金收入同比增长85.8%。预计在未来的5年内，现代服务业将成为万达集团的核心支柱产业。公开数据显示，万达商业地产公司目前持有开业收租物业面积566万平方米，计划到2012年持有面积将达1300万平方米，年租金收入70亿元。

Kubi点评

市场就像江湖，做大佬就要自创活法，自定游戏规则。大凡血流成河的地方一定是智慧的洼地，大家一起弱智，很可能为一根骨头争得血肉模糊。亚都、万达都是很另类的兔子。所谓另类，不仅体现在它们开创了独特的细分行业，还体现在它们有着很另类的想法和活法。

与同时代多数企业一样，亚都和万达都经历过贪大求快、多元投资的歧路，与其他企业不同的是，它们很快从迷失中找回自己。

对照案例——五谷道场，“恶之花”的怒放与败落

战争专家常把战争分为正义战争与非正义战争，战略分析的结论是非正义战争必败，正义战争必胜。第一次世界大战是这样，第二次世界大战仍然是这样，及至美国对越南、对伊拉克以及最近发生的多国战机轰炸利比亚都属于非正义战争的范畴，因此，从战火燃起的那一刻起，就注定了作恶的一方必将战败。军事战争是这样，商业竞争同样是这样，大凡以不诚信、不道德手段摧毁

同业领地，构建自己市场的行为，最终会受到市场规律的惩罚。如果说经济法庭负责法律范畴的纠纷裁决，那么，道德法庭则负责道德范畴的竞争裁决。人在做，天在看，相对于依法裁决的经济法庭，道德法庭更像是一个依道德底线和职业良知决断是非的不打烊的法庭。在近些年国内市场的恶性竞争案例中，五谷道场的快速蹿升与闪电跌落颇有道德审判的特征。

五谷道场成立于2004年，投资方为从事方便面产业达8年的河北中旺集团，其下品牌有中旺面馆和三太子等低端品牌。2005年11月，五谷道场充分抓住当时国家卫生部发文，质疑薯条等油炸食品中含有致癌物质这一关键时机，借机策划“拒绝油炸，还我健康”，适时推出“非油炸方便面”，从产品定位到媒体传播一气呵成，顺利地抢占了经销商和广大消费者的心智资源，为新品上市招商和解决消费者认知铺平了道路。

单纯从营销学角度分析，五谷道场的出笼无疑鬼斧神工，出奇制胜，但从行业生态建设而言，五谷道场的作为触动了行业神经。方便面行业协会找到了王中旺。协会领导认为，五谷道场的做法是在误导消费者——油炸方便面是不健康的，严重损害了行业利益。一个与行业为恶的企业已经为日后落难无人帮扶埋下祸根。对行业协会的抗议，五谷道场的决策人王中旺反而乐了，这正是他要的结果。可惜，王中旺过早地透支了自己的欢乐。

凭借强大的广告攻势，五谷道场上市当月即获得600万元的销售额，之后一路猛增，2006年上半年的销售额超过了3亿元。在2006年三、四月间，很多经销商找到区域经理要求代理五谷道场。在国内某知名媒体发布的2006年中国成长百强企业中，五谷道场控股母公司中旺集团以2003.27%的成长速度高居榜首。五谷道场呈现在众人面前的是一片生机盎然之相。

诚然，“非油炸”的概念一度使五谷道场销量大增，但这一最大的卖点也必将使五谷道场站在了其他所有油炸方便面企业的对立面，成为众矢之的，加剧了五谷道场扩大市场份额的成本和阻力。与此同时，由于缺乏科学的市场调研与需求预测，五谷道场对非油炸方便面的市场需求估计也太过乐观。实际上，非油炸方便面也并不是五谷道场独创的概念。在方便面的“故乡”日本，方便面行业早已做出了有效的区隔，但是即使经过了30多年的发展，非油炸方便面也仅仅占有了日本方便面15%的市场份额。可以说，非油炸方便面只是方便面的一个品类，并不是油炸方便面的替代品。

据了解，在五谷道场“非油炸更健康”的口号冲击下，2007年上半年国内方便面销售已经下挫了60亿元，整个行业的生态环境都为之一变。五谷道场就此陷入到一种尴尬的境地，自己所赖以生存的行业环境正在被自己所毁坏。终于，在忍受了一段时间后，国内数家知名方便面企业联名声讨五谷道场，认为其广告“属于不正当竞争的行为范畴”。

2006年，对市场前景盲目乐观的五谷道场几乎是同时在30多个城市设立办事处，半年内员工数量一度扩展到2000多人，伴随着在全国的扩张，五谷道场在北京、河北、山东、河南、江西、吉林、四川、广东等地自己投资建立生产基地，计划到2007年年底建成20条生产线，每月产能要达2亿元。且不分析这样大的产能预计是不是符合市场规律，因此而产生的资金压力也是绝对空前的，而且对于生产基地的投资，回报都是几年后才能见到的，是需要占压大量资金的重大行为，需要企业有雄厚的资金实力和通畅的融资渠道才能做成的。

事实上，在2006年4月前后，五谷道场的资金问题已悄然而至，截至2006年6月，中旺集团在五谷道场项目上总共投资4.7亿元，但只产生了3亿元的现金流入，这使得五谷道场的现金流一再吃紧。2007年年底，因欠下供货商近1000万元货款和银行4000多万元贷款，五谷道场处在了公开舆论的风口浪尖。房山基地停产后，为了解决华北、东北一带的断货问题，五谷道场只能从江西、广东等地调货。而在北京沃尔玛、家乐福等大卖场已难觅五谷道场踪影，超市人员声称，已在半年前停止进货。从2006年下半年开始，上海、江西、浙江、河南等不少地区的经销商都有货款被占用的现象。

2009年2月12日，北京市房山区法院最终裁定，批准五谷道场破产重整方案。该方案规定，五谷道场原股东将其所持有的五谷道场公司的股份全部无偿让渡给重组方，重组投资方承诺出资1.09亿元专门用于五谷道场清偿债务及支付破产费用。就这样，在快速成长后，又快速跌落，五谷道场画出了一个典型的“抛物线”，从2009年2月12日起，五谷道场告别了中旺集团，进入了“中粮时代”。

五谷道场推出非油炸概念，只是细分了市场需求，丰富了产品品类，并没有跳出方便面及快速消费品行业的商业模式，因此，低成本、微利润、充分且健康的现金流保证是该行业运营的基本要素。五谷道场异想天开，试图冲击并改变这样的规律，结果成为行业的弃儿。再进一步，行业生态建设与保护是业内成员的必备素质，除非你拥有替代性商业模式和整体改变游戏规则的实力，否则，试图摧毁行业根基的尝试很可能最快地葬送自己。

地产行业产业背景

自从20世纪80年代房地产业重新兴起，90年代进入快速发展时期以来，中国住房分配和供给体制都发生了根本性的变化，全国房地产开发投资也得到了迅猛的发展。据统计，自1992年以来，中国房地产开发投资累计超过五万亿元，年均增长20%以上；城镇人均居住面积由1992年以前的8平方米，提高到了2008年的28平方米。中国住宅房地产的发展记录了住宅房从基本生存型—温饱型—舒适型—享受型的发展阶段，建设的理念和开发模式也跟随住房体制变革按简单模仿型—探索型—理智型—精明型的规律不断发展。

中国房地产市场是一个以政策为主导的市场。自2003年以来，随着中国与世界经济的联系越来越紧密，国内房地产市场的发展也逐渐处在一个更为广阔的政治、经济、人文环境之中，中央与各地政府、企业与金融机构，以及各级市场在不断博弈中发展和成熟。

到目前为止，全国房地产企业已达到30000多家，房地产行业从业人员已突破1000万人，并且出现了一大批优秀楼盘和高素质的房地产开发、经营与治理人才。房地产成为国民经济GDP的支柱产业，拉动十多个行业30个产业的发展。除房地产开发业外，10年来，还逐步形成了以评估、经纪、咨询为内容的房地产中介业，以及以经营治理楼宇、小区为主的物业治理业，从而形成了较为完整的中国房地产业的产业构架体系。

家电行业产业背景

中国家电产业经过20余年的快速发展，已形成较为完善的产业链和强大的制造能力。一方面本土的家电企业逐步崛起，另一方面国际知名的家电企业不断向我国转移。现在我国已经成为全球家电产品的最大生产基地，并已形成了渤海湾、珠三角、长三角三大家电产业群。这三大家电产业群的销售额与产值均占到中国整个家电产业的80%以上，其杰出的代表分别是青岛、顺德和慈溪，三地的百强企业数量占据百强企业总数的78%，营业收入占据总体的88%。

与此同时，合肥、武汉等内地家电生产制造基地正在快速兴起，成为家电板块的第四极，并且形成了不同于长三角、珠三角家电产业集群的鲜明特征。合肥有长三角和中部作为腹地，市场潜力巨大，目前是家电业进行产业大转移的前沿阵地，迄今已有海尔、美的、三洋、长虹、格力、欧力等国内外大企业进驻，与当地的家电著名品牌美菱和荣事达等企业已形成相互融合、共同发展的格局，成为国内家电知名品牌最集中的地区。武汉家电产业虽然目前规模不大，但增长速度不容小视，家电产业成为其增长最快的优势行业之一。

作为中国制造业的领军行业之一，家电业早在中国加入世界贸易组织之前就已经全面开放。伴随着中国加入世界贸易组织各项承诺的逐步兑现，十年来，中国家电业开放与发展齐飞，从最初的“狼来了”的担忧到如今产业控制权的稳如磐石，从引进资本技术生产线，到如今中国家电厂商昂首“走出去”，中国家电业不但经受住了加入世界贸易组织的考验，更在与外资的竞争与合作中取得了长足的发展。为鼓励家电企业技术创新，国家推出节能家电补贴政策，2008 年金融危机爆发后国家果断推出家电产品“以旧换新”政策等，这些措施对家电行业的持续稳健发展提供了动力。

相关资料显示，加入世界贸易组织十年来，中国家电行业规模已从 2001 年的不到 2000 亿元增长至 2010 年的 9642 亿元，今年将突破 1 万亿元，而出口则从 2001 年的 70 亿美元增长到 2010 年的 1500 亿美元。

第三篇 合力赢心

查尔斯·达尔文在《物种起源》中写道："存活下来的物种，不是那些最强壮的种群，也不是那些智力最高的种群，而是那些对变化做出最积极反应的物种。"身体瘦弱，胆量奇小的兔子能在强手如林的动物世界中纵横捭阖，不断壮大，有幸成为众多恐龙之辈衰败与灭绝的见证者，自然有其不凡之处。然而，与有组织的人类相比，兔子自叹弗如，甘拜下风。特别是后起的中国企业，尽管环境险恶，规则欠缺，仍能以少胜多，以弱胜强，在相当短的时间内登上与象共舞的世界舞台，更让兔子仰慕不止。

在管理实践中，我们常常会遇到这样的情况：资本充足、设备精良、高学历人才济济的企业未必有最好的盈利能力，条件简陋、资金捉襟见肘，甚至没有受过高等教育的家族企业经常创造业绩持续增长的奇迹。在企业中，资源组合和权益配置是管理工作的主要内容，是发展生产力的关键。生产力是一个系统概念，不单纯指劳动力、生产设备和资本等生产要素本身，生产力是生产要素合理组合而发挥的经济或商业效力。健康企业是一个领导力主导的商业组织，健康企业会结合国情和市场规律确定系统的组织架构和管理制度。健康企业的共同特征是将坚强而有效的领导力建立在贴近国情、顺应人心和符合商业规律的运营管理体系基础上。

第七章　海尔的“嬗变”与阿里巴巴的“坚守”

世上都说兔子好，海纳百川不咆哮；

世上都说兔子好，善结人缘广开道。

第一节　合和之美

动物界的倾轧与血腥根源在于视野狭窄和文化缺位。大鱼吃小鱼，小鱼吃虾米，世世代代，向来如此。那么，如果我们设想：虾没食了，虾绝迹了，小鱼吃什么；小鱼吃没了，大鱼又该如何生存呢？食物的匮乏会造成动物的迁徙或战争。大家要么在迁徙中找到新的生存依赖，要么通过战争消灭对手赢得更多的食物垄断权。如何保持生物链的循环再生，如何在竞争和迁徙中继续保持获胜的诀窍呢？

换种思维看世界，死结可能成为新生的机会。从宏观地理学的视角分析，四海相通，地球只有一个，所有的生物都有共享天赋、共赢未来的机会和空间。

在特定时间、特定闭环空间中成为死敌的动物，换个空间、换个时间就可能成为合作伙伴。在循环经济学家看来，每个动物都是消费者，每个动物又是生产者、贡献者。如果消费大于生产能力，世界就会恐慌，部分动物就会绝迹；相反，如果生产大于消费，世界就会兴盛、繁荣，就有更多的选择、更丰富的生活和更长远的未来。

四海为家，五湖交友，兔子之所以成为寿命虽短但生命力极强的弱势部落，就是因为它们具备对新环境、新空间、新的生活方式的适应能力。在偌大的宇宙中，每个生命都显得渺小和微弱，同样每个生命都有无限的腾挪与发展空间。你死我活是一种作茧自缚的思维方式，越过陷阱，你会发现合作竟有如此多的潜力和乐趣。

第二节 组织创新

美国畅销书《世界是平的》这样介绍全球化对企业的影响：全球化 1.0 阶段，地缘政治和军事力量主宰世界格局，强国通过战争实现意识形态输出获得他国资源和市场；全球化 2.0 阶段，资本和意识形态主宰世界格局，不同地区与国家之间通过贸易和外交实现资源置换和文化沟通；全球化 3.0 阶段，互联网跨越宗族、国界和意识形态壁垒实现知识和信息对产业链的主导，个人价值将超越组织和企业价值被充分发现和挖掘。全球化 3.0 的时代，企业需要变得更灵活。小企业逐渐横向和纵向地扩展业务，扩大企业的边界，把与自身互补的产业吸收到企业内部，塑造多元化的企业核心生产力。而大企业则应该想办法做小，合理地将业务外包，甚至把生产流程全部转移到海外，本土只负责管理、协调、研发等工作。这两种趋势使得企业按照全球最大盈利模式来设计自己的组织结构。

全球化的趋势让企业竞争进一步加剧，竞争比较的不再是战胜对方的能力，而是创造客户、调动资源的能力。太阳每天都是新的，对企业来说，重要的是不断创新，通过产品创新储备满足新的需求；通过市场创新占领更大的市场份额；通过制度创新提升营运绩效；通过文化创新减少内外摩擦，赢得理解和忠诚；通过价值观创新，突破成长瓶颈，赢得新的生机和活力。商者无域，价值通吃。面对全球化的市场经济发展趋势，追随保守只能被动挨打，开拓、进取、创新、领导才能占据市场的主动。

改革开放30多年的企业发展史告诉我们，没有永远的胜者，只有不屈不挠的“剩者”。成千上万的企业先烈在创业或成长的过程中付出生命并留下路标，为剩下的英雄和后来的同事铺就前行的道路。倔强的剩者不是靠高大和霸气，而是通过企业文化特别是企业价值观的生机与创新实现与新世界、新生态的融合与共赢。

IBM董事长小托马斯·沃森对公司信念的深刻体认代表了卓越公司对公司信仰与企业持续发展的共同认知。“我坚信，任何一家企业为了谋求生存和获取成功，都必须拥有一套健全可靠的信念，并在此基础上，提出自己的各种策略和各项行动方案。我认为，在企业获取成功的过程中最为关键的一个因素就是，始终恪守这些信念。”

第三节　价值观的变与不变

2010年7月8日，亚洲地区规模最大的消费电子专业展——中国国际消费电子博览会（SINOCES）在青岛拉开帷幕。跨界融合与产业创新是此次青岛博览会的主题，本届SINOCES吸引了全球503家电子企业参展参会，包括百思买、沃尔玛、乐购、国美等全球连锁巨头，EBAY、美国环球商务通等网络管道大鳄及中国二三级管道商等900余家企业采购商参会采购。

青岛国际消费电子博览会连续十年吸引全球厂商参与，不只因为青岛的美景，而是因为青岛汇聚了海尔、海信、澳柯玛这样的国际知名家电品牌企业。海尔集团是世界白色家电第一品牌，海尔在全球建立了29个制造基地，8个综合研发中心，19个海外贸易公司，全球员工总数超过6万人，已发展成为大规模的跨国企业集团。据慧聪网消息，2010年，海尔集团利润达到62亿元，同比增长78%。海尔集团2010年实现全球营业额1357亿元，同比增长9%，欧睿国际（Euromonitor）的最新数据显示，海尔大型白色家电以6.1%的全球市场占有率再次蝉联全球第一。

1984年，张瑞敏由青岛市原家电公司副经理出任青岛电冰箱总厂厂长。他确立了“名牌战略”思想，带领员工抓住机遇，加快发展，创造了从无到有、从小到大、从弱到强的发展奇迹。26年来，海尔集团已由一个亏空147万元的集体小厂，发展成为年营业额突破1300亿元的全球白电第一品牌。

分析海尔的成长过程可以看到价值观的传承与嬗变。

首先是质量观。海尔从创业初期就开始抓质量管理，当时海尔提出一个观念：“有缺陷的产品就是废品”，砸冰箱就是为了支持这个观念。1988 年，海尔获得了中国冰箱史上第一块金牌。1989 年，很多企业开始抓产品质量，但是海尔又提升了一步：从抓产品本身的质量延伸到服务，把产品的质量由生产线延伸到用户的家里去。海尔当时在全国第一家提出了星级服务，包括后来的无搬运服务，在全国建了几十个电话服务中心。在后来的多元化过程中，这个服务平台起了很重要的作用。而当其他企业也采取了海尔式的具体服务做法时，海尔又开始了新的提升：不仅用成熟产品和标准化服务提高客户满意度，还要根据客户需求和潜在需求改进或开发新的产品，比如海尔“小小神童”洗衣机的创造，这个产品经过十几代的改进，现在在日本、美国都受到欢迎。

其次是业务流程与组织结构的灵活性。传统的企业管理模式是下属围着上级转，业务围着行政转，一个企业的组织结构定下来可能 10 年、20 年都不变。海尔则根据客户需求和市场供应链的需要不断推进流程再造，以订单信息流为中心来带动物流和资金流的运转，通过内部组织结构优化整合实现与用户零距离接触。海尔使每个人变成一个“SBU”，改革带来的结果是在企业里没有传统的上下级关系，人人都对着市场，直接为市场服务。要做到这一点，必须要把目标分解得非常清楚。就是说，海尔希望把每一个人变成人力资本，而不是人力负债，把创新的基因植入到每一个人的头脑中去。

最后是企业健康观。通过“建设性的冲突”发现并解决经营管理中的问题和隐患，实现企业的整体和谐与健康。平庸团体的内部，通常只会以下列两种方式之一处理冲突：不是表面上看起来一团和气，就是为极端的见解僵持不下。在海尔，“建设性的冲突”无处不在。张瑞敏的一个口头禅是：“管理者的责任就是发现问题。一个管理者连发现问题的能力都没有，要你这个岗位干什么？”海尔的管理模式致力于打破两样东西：一是打破计划体制下“大锅饭”式的管理体制；二是打破中国的传统文化，即面子和人情文化，以及“不患寡而患不均”的平均主义意识。能者上、庸者下的用人机制让经理层感到一种无处不在的压力。海尔的结构、流程和薪酬系统是根据管理职责和结果制定的，而不是传统的按级别和年资来决定的。成就是提升的基础，责任受以业务为基础的考核办法的驱动，此考核办法几乎应用在所有的业务活动中。这样的压力会令很多人产生不适应感，但它却把海尔变成了一个出奇健康的企业。

价值观是企业文化的核心，是企业发展和传承的灵魂。对企业来说，价值观尽管必不可少，但并非一成不变。张瑞敏明确提出成功的企业不仅要有明确而坚定的价值观，还必须根据市场和环境变化完成价值观的更新和升华。但是不管价值观体系如何升级变化，价值观的核心不能变，海尔价值观的核心就是“真诚到永远”，永远接近用户，与用户零距离来满足用户的需求。

“唯有海能以博大的胸怀纳百川而不嫌弃细流；容污浊且能净化为碧水。正如此，才有滚滚长江、浊浊黄河、涓涓细流，不惜百折千回，争先恐后，投奔而来。汇成碧波浩淼、万世不竭、无与伦比的壮观！”

张瑞敏关于“海尔应该像海”的文章生动地表述了海尔的灵魂与个性：海一样的抱负、海一样的胸怀、海一样的精神、海一样的勇气、海一样的韧性、海一样的进取、海一样的凝聚、海一样的奉献。

海尔在企业价值观方面的几次升级体现了传统企业随着市场需求和竞争环境的变化在企业文化方面的与时俱进。与海尔风格不同的是，创业时间相对较短的网络交易服务型企业阿里巴巴则选择了对企业价值观的坚守。

一提到阿里巴巴，大家自然而然就会想到马云。从杭州师范大学平静的校园走出来的男人，素有“狂人”之称，他抛出了无数的狂人狂语，并且屡屡在谈笑间让它们都变成现实，他用自己独特的经历为阿里巴巴书写了一个个神奇的故事。

在阿里巴巴，价值观是决定一切的准绳。招什么样的人，怎样培养人，如何考核人，都坚决彻底地贯彻这一原则。阿里巴巴非常强调人的状态，如态度、个性、行为方式等，与能够在短期之内带来业绩的技能相比，阿里巴巴更加看重这些软性素质。在招聘的时候，他们会着重考察他在这些方面的情况。

阿里巴巴的价值体系：

（1）客户第一：客户是衣食父母；

（2）团队合作：共享共担，平凡人做非凡事；

（3）拥抱变化：迎接变化，勇于创新；

（4）诚信：诚实正直，言行坦荡；

（5）激情：乐观向上，永不放弃；

（6）敬业：专业执著，精益求精。

2011 年 2 月 21 日，阿里巴巴 B2B 公司突然公告宣布，经公司内部调查发现，在阿里巴巴 B2B 对外贸易平台上，2009 年和 2010 年连续两年分别有 1219 家和 1107 家的中国供货商涉嫌欺诈全球买家。同时，阿里巴巴对内部涉案人员做出处理，阿里巴巴首席执行官卫哲和首席运营官李旭晖引咎辞职，B2B 公司原人事资深副总裁邓康明也引咎辞去集团 CPO，降级另用。

阿里巴巴发布的公告显示，阿里巴巴已查实，2009~2010 年，分别有 1219 家（占比 1.1%）和 1107 家（占比 0.8%）的中国供货商客户涉嫌欺诈全球买家，而这些客户的欺诈行为正是在阿里巴巴内部近 100 名销售人员的协助下进行的。

阿里巴巴调查发现，绝大部分涉案的商户店铺均为特意设立以作诈骗全球买家之用。行骗的手法显示，这是骗子精心策划有组织和系统性的行动，以破坏阿里巴巴网络平台的诚信体系，意图获得非法利益。这些店铺大多提供高需求的消费电子产品，并以非常具有吸引力的价格、较低的最少购货量和相对不安全的付款方式进行交易，每宗诈骗个案涉及受骗买家的付款金额平均少于

1200 美元。

阿里巴巴认为，部分员工由于对业绩的过分追求，为了获取短期经济利益而不择手段，导致公司的销售组织部分受到负面影响，更可能对本公司的价值观造成较大冲击。

对于涉案的中国卖家，阿里巴巴公告表示，已将 2326 家涉嫌欺诈的中国供货商关停，并已提交司法机关参与调查。阿里巴巴内部近百名销售人员则被认为负有直接责任，将按照公司制度进行包括开除在内的多项处理。

与此同时，董事会已接受阿里巴巴 B2B 公司 CEO 兼总裁卫哲和 COO 李旭晖引咎辞职。淘宝网总裁陆兆禧接替卫哲，兼任 B2B 公司 CEO 职务。B2B 公司人事资深副总裁邓康明引咎辞去集团 CPO 职务，降级另用。支付宝 CEO 彭蕾将兼任阿里巴巴集团 CPO 职务。

阿里巴巴称，将会继续开展行动查找任何政策上、结构上、程序上和系统上的不足之处，以防止类似事件再次发生。董事会已邀请审核委员会监督继续进行中的调查，并委派陆兆禧采取一切有效措施以进一步强化阿里巴巴网络平台的诚信和安全。

对于阿里巴巴 CEO 卫哲等高管引咎辞职，阿里巴巴方面给出的响应是，经过调查，无论是卫哲、李旭晖或其他高级管理人员均没有参与任何不诚信供货商诈骗买家的活动，而管理层也真诚努力地试图解决问题，但董事会接纳他们因公司诚信文化受到有组织性破坏而承担责任的意愿。

在中国，大多数企业具有封闭和自我循环的特征，而马云则树立了另外一个公司标杆——阿里巴巴完全主动地公开“成长的痛楚”，坚决彻底地“刮骨疗伤”，其对价值观和诚信追求的魄力和勇气让业界震撼。

附：

卫哲的辞职信[①]

“各位 B2B 的同学：

今天 B2B 董事会批准了我的辞职申请。我申请辞职的原因是我作为 CEO 没有起到阿里巴巴价值观捍卫者的最重要的职责，反映在 2009 年和 2010 年阿里巴巴十多万中国供货商中混入了近 3000 家欺诈分子，对海外买家造成了伤害，尽管已经清除并将其中首恶分子绳之以法，但我作为 CEO 的失察职责我理应勇于担当！

我的辞职对公司内外一定震动很大，但我相信这样的震动甚至阵痛是必要的、健康的。没有这样的震动，不足以重新唤醒我们的使命感和价值观，没有这样的阵痛，不足以表明我们为客户第一愿意付出的代价！

我加入阿里巴巴四年多，已经是三年的阿里人，正在走向五年阿里！这四五年里，我刻骨铭心地体会到以客户第一为首要的阿里巴巴的价值观是公司存在的立命之本！尽管我们是一家上市公司，但我们不能被业绩所绑架，放弃做正确的事！阿里巴巴公司存在的第一天就不在乎业绩多少，业绩是结果，不是目标！我学习到作为阿里人要勇敢地面对并承担自己的责任。正是基于对客户第一的使命感和阿里人为了组织的健康的责任感，我才提出辞职申请。

很难过给同学们写这封信。我难过的不是我个人的得失和荣辱，而是难过没有更早地去和同学们一起捍卫我们最重要的价值观体系，坚持客户第一！坚持诚信！难过的是现在不能和同学们一起去重树我们的价值观，和大家一起去为中小企业的生存和发展做点事了！

① 萧然. 马云首谈卫哲离职事件：我是在治疗“癌症”. 新浪科技，2011-03-25.

我看到了阿里巴巴事业的意义，看到了我们团队的文化，我深深爱着阿里巴巴的事业，深深爱着阿里巴巴的团队。2009 年十周年 B2B 的全体员工会议上，我向同学们承诺阿里巴巴是我此生中最后一份事业！我今天虽然辞去 B2B CEO 一职，但我继续祝福阿里巴巴的事业，祝福阿里巴巴的团队，我会用一段时间来反思和反省，也会用我的方式为阿里巴巴的事业和阿里巴巴的团队，一如既往地努力！并期待着将来的某一天，能和阿里巴巴的同学们继续我们的事业！"

Kubi 点评

自古道，牌坊好竖，贞节难守。海尔、阿里巴巴都是既要竖牌坊又要守贞节的很较真的企业。海尔为守质量底线公开砸烂不合格冰箱，阿里巴巴为守诚信底线，因失信客户事件责成 CEO 卫哲引咎辞职。尽管不排除其中有公关的成分，但这种捍卫价值观的高调行为恰恰是其他企业并不具备的。我们说不犯错的企业很难找，在错误面前勇于担当并坚守价值观的企业才更能赢得尊重和信赖。

管理学界越来越认同一个观念：无论是战略转型还是组织架构调整，无论全面质量管理还是人力资源管理，几乎所有组织变革都依赖于共同的、清晰的信念和文化体系。这样的体系给管理和变革提供了强有力的动力支撑，有效改善着组织运作效率；同时组织和组织成员也因此获得持续发展的价值回报，从而使得现有组织成员更加坚定地维系体系，并且不断传授给新加入的组织成员，继而成为一种坚定的企业信仰。①

① 孙兵. 企业信仰塑造. 价值中国网.

对照案例——国美内部价值观的博弈与对决[①]

2010年，作为国美电器大股东的黄光裕发布通告，对2010年以来国美电器的重要决策做了全面反驳。要求公司撤销刚通过的涉及股票增发内容的系列授权；撤销陈晓、孙一丁的现任职务；提名邹晓春、胞妹黄燕虹为执行董事。5月中旬，黄光裕也曾借大股东地位阻击贝恩资本的两名董事进入国美董事局，否决股票增发授权议案，但未能成功。而陈晓担任董事会主席的国美电器则发布公告，表示已于2010年8月5日向香港特别行政区高等法院递交了针对黄光裕的诉状。缘由是，黄光裕在2008年1月及2月前后回购公司股份的行为，违反了公司董事的受信责任及信托责任，导致公司遭受经济损失。身陷囹圄的上市公司创始股东对自己授权委托的董事局主席及经营管理团队不予信任并要求从战略和战术上对公司进行系统重组，受托主持公司运营的董事局主席及其管理团队公开与委托人叫板，一时间剑拔弩张，硝烟弥漫，大有玉石俱焚、鱼死网破之势。国美内战成为当年也将成为相当长的时间内中国企业治理史上非常有教育意义的经典案例。

黄陈之争是国美企业病的集中爆发，尽管这次控制权争夺在直接利益上对国美电器的任何利益攸关方都是一次消耗，但长远看来，是国美电器的一次自我免疫，有利于企业治理结构的规范与完善，有利于遏制大股东的强权意志和帝王情结，有利于明晰与界定董事会及其核心成员的责任、权限和利益保障，有利于明确并强化国美的企业理念和发展战略，同时也有利于体现以陈晓为代表的小股东在企业重大发展问题上的话语权和影响力。从这个意义上讲，黄光

① 高志彪. 国美内乱的症结剖析——访中鼎企业门诊企业病诊断专家张振祥先生. 中小企业管理与科技，2010-09.

裕和陈晓之间任何单方面的胜利都不能成功解决国美的问题，甚至会加剧国美的潜在危机，只有借助股东大会的表决取得双方接受的利益平衡，才是国美全体股东的幸事。由此看来，无论是“去黄”还是“倒陈”，都没有抓住问题的本质。问题的本质在于国美迫切需要完成由家族企业到社会化公众化企业的制度与文化过渡。

国美出现的纷争不是黄光裕和陈晓之间的个人纷争，而是上市公司大股东在公司运营发展中的地位和股东大会对董事会的授权确认与边界界定问题，是家族企业社会化过程中的一次利益与文化的整合或重组。专业人士不应被当事双方的情感招牌和口号所左右，而是应该透过这种戏剧性的冲突发现国美内部早已存在的症结和病变。尽管双方都搬出了抓人眼球并好像很令人同情的冤屈之词，但难以掩盖道义表演背后的利益诉求和授权过程中细节确认与限定条款缺失带来的尴尬。黄光裕企图以大股东的身份继续对国美的精神控制和战略主导，尽管这种主导长期以来并没有兼顾对核心团队和中小股东的长期利益，有时甚至会出现一些有可能引企业至绝境的商业投机和法律冒险。陈晓则希望以董事局主席兼小股东代表的身份尽早弱化甚至结束国美对黄光裕个人的精神和战略依赖，甚至不惜以叛逆者的身份去完成国美的社会化和职业化过程。

作为有智慧有思想的国内家电零售业的枭雄，黄光裕和陈晓都有令人称赞的经历和业绩。但反观两人的生活背景和创业风格可以看到不同文化与理念支持的生活方式和从业风格。

黄光裕创业发源于改革开放初期中国法制严重缺位的蛮荒岁月，凭着“一不怕苦，二不怕死”的精神在与市场法律法规博弈斗巧的过程中一步一个脚印创建了自己的国美家电连锁。国美的成功过程体现了更多的攻击性和操控欲，在黄光裕的心目中，缺少对法律、规范、社会责任、社会道德的畏惧与敬重，他非常享受挑战法律底线和社会伦理带来的机会与利益，作为创业初期的个体或者纯私营企业主这种勇于冒险、勇于创新并甘愿承担无限风险与责任的精神无疑会受到推崇与称赞。但随着企业规模的扩大，特别是当企业成为股权对公众开放的上市公司以后，无论作为股东利益受托人还是社会责任履行者，都应该将企业运营规范到安全合法的健康轨道上来。遗憾的是习惯野蛮生存的黄光裕并未能在成为上市公司的领袖之后收敛自己投机与嗜赌的爱好，继续用潜规则模式游走在资本运作的政策与法律边缘。常在河边走，哪有不湿鞋。因此，黄光裕在法律上触网绝非偶然，事发早晚只有时间差别。由此看来，黄光裕个人性格上的不计代价的冒险精神加上他目前的身份使他至少在服刑期间不再符合成为上市公司股东资产托付人的角色要求。

再看陈晓，陈晓的职业经历兼具创业者和职业经理人两种身份，同时又具备多年与资本机构竞争与合作的经验，可以说更熟悉依照游戏规则做事的技巧、知识与行事艺术，处理问题更理性、隐忍、低调。陈晓在国美的位置不仅仅是一位职业经理人，同时还是小股东的代表，国美战车中既有陈晓一手拉扯大的永乐家电的血肉，也有陈晓为整合国美的管理与文化付出的智能与心血，从这个意义上讲，黄光裕对陈晓的要求不应仅仅局限于职业经理人对大股东的忠诚，还应履行大股东对小股东以及管理团队成员地位与权益的尊重。当然，黄光裕在宣布陈晓担任国美董事局主席时应充分考虑这一角色的法律意义，而不应仅仅视为其个人意志和个人利益的执行者和代表人。

一个享受挑战规则的人和一个习惯按规则出牌的人在一起合作难免存在价值观冲突。黄陈之间价值观的差异首先在于国美是否继续姓黄，延续创始大股东意志对公司战略与文化的驾驭。其次在于管理层激励制度的选择，选择实时业绩奖励还是健全股权激励制度。黄光裕坚持维系自己在股权、决策权上对国美的全面控制，陈晓力主实现国美股权结构和管理模式的社会化和开放化。黄光裕坚持沿用实时业绩奖励的办法，至少目前还不想向管理层开放股权。陈晓则在很短的时间内实现了副总监以上覆盖105位核心管理人员的管理层股权激励。现在令黄光裕尴尬的是陈晓的所作所为都是在国美电器公司章程规定范围内并符合国美电器上市公司注册地所在国的法律。

国美控制权之争开始后，矛盾双方不断对外发布公开信，都在争取“道义”，希望获得更多国美员工以及社会舆论的支持，“从中可以看出，当事双方应该都还存在着道义上的尴尬，否则也不需要用这种方式来博取道义上的同情”，这也暴露出国美的公司治理结构不够完整。国美董事会与股东大会并没有在公司战略和增长方式上达成共识，股东大会对董事会的授权范围不明晰不严谨，黄光裕在位期间给董事会留下的所有宽松与方便到头来变成了自己的尴尬。缺乏独立董事与监事会制约的企业治理架构显然存在漏洞和风险，情理和职业道德上的指责与争辩不能替代合法授权与程序约定。国美现在要解决的是完善制度与规范治理的问题，此前没有法律约束和明文禁止的执行细节只能用来宣泄情绪，不能用于对当事人的惩罚与谴责。

再谈股权激励。随着公司股权的日益分散和管理技术的日益复杂化，世界各国的大公司为了合理激励公司管理人员，创新激励方式，纷纷推行了股票期权等形式的股权激励机制。股权激励（Stockholder's rights drive）是一种通过经营者获得公司股权形式给予企业经营者一定的经济权利，使他们能够以股东的身份参与企业决策、分享利润、承担风险，从而勤勉尽责地为公司的长期发展服务的一种激励方法。国美黄陈双方在股权激励方面的分歧主要在于实施股权激励的时间与程序。黄光裕对陈晓最大的不满在于陈晓“慷股东之慨”笼络人心。

黄光裕本人付出了代价但没有得到管理层的领情。我个人认为，不管谁实施股权激励都是对公司最有价值资产的维护，大股东是股权激励机制的最大受益者。管理层成员特别是跟随黄光裕多年的旧部不会不明白期权的到来只是借助陈晓之手并非出自陈晓的钱袋，这不足以影响员工的忠诚。再者，员工的忠诚更多地应该体现在工作尽职奉献智慧而不是对个人对某个团体的忠诚。

国美之争的万幸就在于国美已经是一个公开上市的社会化公司，经营业绩透明，授权程序公开，外部约束规范，股东身份多元化。这就大大降低了少数人暗箱操作，指鹿为马，完全用政治手段解决企业治理问题的可能性，至少增加了操作的难度和成本。一个企业确实需要长期稳定的战略方向和上下统一的核心价值观，如果在这些方面出现了分歧，隐忍不决后患更大。类似国美、苏宁这样的连锁家电零售企业，卖场经营和现金流价值是它们内在的商业模式。不管是外延式门店扩张还是内涵式单店利润挖潜或管道多元化扩张策略，都是在通过规模或市场份额争夺行业话语权和规则主导权。随着行业集中化程度的提高，门店数意味着对客户的吸引力以及对供货商的屏蔽能力，意味着企业在供应链利益分配中的话语权和影响力，但盈利能力又决定了企业在同业竞争中的抗打击、耐消耗能力。国美之争同样会对国内企业提供一个解决内部纷争的案例样本，相信国美当事双方有足够的实力与胸怀把内部问题妥善解决，相信国美股东会权衡利弊在特别股东大会上投出自己庄严的一票。从这个意义上来讲，国美的冲突来得很及时，妥善解决冲突将使国美踏上一个新的台阶，走上更成熟、更稳健的发展道路。

国美内部的对决最终以 2011 年 3 月陈晓离职、张大中出任国美董事局主席而告终，与此同时，陈晓在任时倡导的以单店利润和运营效率为前提的发展模式重新被黄光裕的快速扩张模式所替代。

名词解释：

股权激励：（Stockholder's rights drive）是一种通过经营者获得公司股权形式给予企业经营者一定的经济权利，使他们能够以股东的身份参与企业决策、分享利润、承担风险，从而勤勉尽责地为公司的长期发展服务的一种激励方法。

第八章　慧聪的“劳动股份制”与华为的“公司基本法”

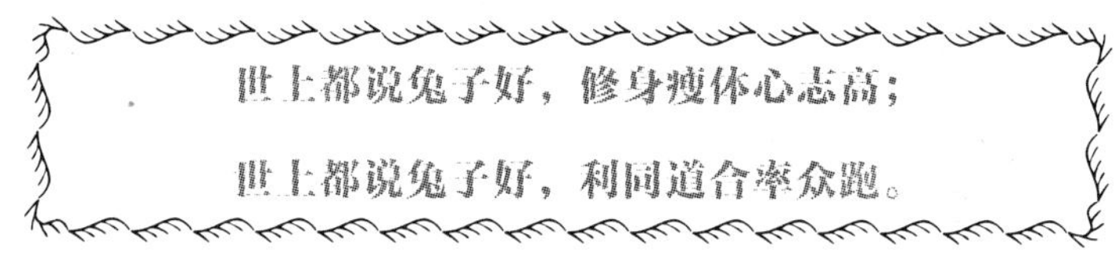

第一节　塑身秘籍

兔子天生比较瘦小、灵活。客观地讲，这与它们的饮食结构有关系，由于不碰肉食，不受脂肪和高热量物质侵扰，兔子总能保持不错的体型。再则，由于胃口容量有限，兔子不能内存太多食物，因此需要日复一日勤勤恳恳地奔跑觅食，因此工作也就成了最好的运动。更有帮助的是，兔子常常面临猛兽或猎枪的追逐和袭击，因此应急逃生练就了轻便快捷的身躯。与一般食草动物相比，兔子除了身体清瘦，还养成了短尾的特征。尽管生就一身美丽而可爱的绒毛，但兔子并不在美容美发上浪费太多的时间，就连诱人的尾巴也常常成为危难求生的保护工具。科学家研究发现，一旦兔子尾巴被其他动物揪住或咬住，兔子会非常果断地脱一层毛皮逃脱。据部分养兔爱好者观察，兔子还有缩骨技能，能从相当窄的缝隙中钻进钻出。

第二节 赢心之道

与兔子苦练塑身技巧类似，中国社会及企业正在发掘新形势下团队激励的方法与智慧。近半个世纪以来，中国的意识形态与价值观高度偏离与扭曲，脱离公众现实需求的观念与口号很难继续成为率众前行的动力。中国企业发展史证明，企业制度比任何一种产品或盈利模式都更能支持企业稳定生存并保持竞争优势。改革开放之前的计划经济曾经让员工享受到就业保障与平均分配的权利，只是缺乏对经营管理和知识工作者特殊价值的差别确认，遏制了创新精神和技术生产力的充分发挥。改革开放以来，基于经营权下放的企业承包制和基于产权明晰与产权分享的企业制度变革先后为企业振作和发展带来长时间的生机和活力。《物权法》颁布以后，私有企业主的企业产权得到了更明确的法律保障。

拥有完全产权的投资人不仅获得了企业的所有权，而且拥有了企业产权的分配权。当产权分配成为生产关系的调节杠杆之后，员工身份和地位发生了深刻的变化。从过去雇佣双方的利益对立到现在部分核心管理人员、骨干员工甚至全员持股利益共享，员工凝聚力和创新潜力被进一步激活，长期以来被无情鞭挞和极端妖魔化的资本主义生产方式被赋予了新的内容和魅力。企业的资产不再仅仅表现为厂房设备和账面资产，人才团队和知识产权作为无形资产而成为企业资产价值和核心能力评估的重要组成部分。

事实上，在中国社会产权制度改进的探索实践中，农民走在最前列，安徽凤阳县小岗村农民最早冒险提出土地承包责任制，紧随其后的是家族企业和个体经济，这些几乎没有既得利益羁绊的创业群体，最先突破公有观念尝试自筹资金、自担风险、自负盈亏的企业经营模式；步履最慢的反倒是条件最好、保障最多、政府投资最大的国有企业。中鼎咨询对上百家企业的核心竞争力对比研究表明，最能适应市场变化、长期保持竞争优势的企业并不是固定资产最多的企业；相反，由持续增长的客户需求、专业稳定的经营管理团队、独特领先的自主技术、积极有效的内部激励机制等无形资产构成的轻资产公司更占上风。

第三节　利同道合

“对兔子而言，发现草地比发现真理更重要。它们对改善生活质量的渴求，远远胜过对《圣经》信条的咀嚼。”

——**Kubi** 日记

20 多年前，北京的一家从事高科技研发的企业在确定一个科研项目的奖金分配时做过这样一个测试：

让所有参与项目的同事背对背写下自己对项目成果的贡献权重，把大家各自的权重加到一起总和竟是 300%。注意，这些员工都是知性而自重的科研人员，尽管这样，大多数人还是高估了自己的贡献。企业领导层由此得出结论，任何关于成果的事后激励都是不公平的，因为大家的期望远远超过事情本身的价值。

在所有关乎企业生存与发展的要素中，人是变量最多、伸缩性最强、潜力最大也是危险最大的因素。创业期小老板之所以凡事亲力亲为一是因为养不起人，二是因为不具备驾驭人的能力和信心。成长期企业之所以人员流动性较大，是因为缺乏长期的发展战略和利益保障机制；规模企业最常见的是人力资源潜力开发不足，在调动员工创新能力和创业激情方面遭遇天花板。相当多的企业失去持续发展的原动力，深层原因在于员工的热情和忠诚被透支，找不到更好更有效的员工激励机制。

1992 年，郭凡生等人用 14.8 万元（其中他本人出资 7.4 万元）成立了慧聪公关信息咨询有限公司。在此前的 10 年时间里，郭凡生一直进行经济学理论研究。在指导企业和咨询的过程中，郭凡生深感理论研究与市场现实的巨大差距。为了实践自己的想法，郭凡生先后在北京科贸、中国工商经济咨询公司等三家国有企业中担任副总经理等职。然而在亲力亲为之后，他发现国有企业的体制根本无法做事情。正是基于这种想法，郭凡生自己创办了公司。成立慧聪后，郭凡生所做的第一件事情就是确立了“劳动股份制”的雏形，将“单个股东分红不超过分红额 10%，股东分红不超过 30%”，即“每年分红的 70%作为劳动分红给职工”的规定写进了公司章程。

慧聪国际的劳动股份制是家族企业社会化过程中非常大胆而且到现在为止较为成功的范例。劳动者的激情被调动起来之后，企业主就会实现由身先士卒的劳动示范者到嗅觉灵敏的资源整合者的跨越。轻身瘦体的根本是共同利益的长期绑定，在所有商业项目运营中，利益永远是不可替代的核心因素。三大宗教遍布世界最成功的因素不是宗教本身多么神圣，而是所有的布道者都是利益的分享者。

1999 年，郭凡生对慧聪进行了第一次股份制改造，主管以上的员工获得“买一送二”的优惠机会，如高管可以花 4 万元，获得 12 万元的股份。这些股东如果在三年内离开慧聪，公司退回其购股的钱并收回股权；如果干满三年离开，慧聪则退给其三倍的购股款并收回股权。后来慧聪上市，因此造就百万富翁100多人。

所有权、受益权、管理权被郭凡生非常分明地剥离开来，既明确创始投资人及其家族对企业的所有权控制，又强调资本收益与劳动收益兼顾，而且资本收益控制在30%以内，其他70%用作劳动收益分红；至于管理权则严格强调职业化，把运营权交给最称职、最专业的人打理。郭凡生在晋商乔家大院的"银股"与"身股"制度基础上结合慧聪自身的特点推出的劳动股份制成功地解决了当代家族企业成长过程中最棘手的权益分配与员工激励问题。分配过程既着眼于对结果的考评，又着眼于对团队的稳定和经营管理的传承。慧聪模式被经济学家张维迎称为"一次了不起的管理革命"。

工业社会主要的矛盾是"劳资矛盾"，可是在雅虎、慧聪这样的新型的公司，最重要的经理人，其资产增值的收入比工资收入大得多。一方面他是公司的雇员，另一方面他是公司的股东，他是自己雇自己，这个时候，他就变得有主人翁的精神，变得更有创造性。可见，知识经济最本质的东西是资本追逐有价值的知识。知识经济的制度体现的是知识分子拥有甚至主导企业产权。创业股和期权是解决知识员工积极性和创造性的有益和有效尝试。

相对于慧聪国际的内部激励机制，深圳华为是一个由企业家人治到系统法治转型觉醒更早的企业，也是一家为企业健康发展考虑更多、做得更彻底的企业。华为技术有限公司是一家总部位于中国广东深圳市的生产销售电信设备的员工持股的民营科技公司，于1988年成立于中国深圳，是电信网络解决方案供应商。华为的主要营业范围是交换、传输、无线和数据通信类电信产品，在电信领域为世界各地的客户提供网络设备、服务和解决方案。

1998年3月28日，《华为公司基本法》（详见本书附录一）发布，该文件详尽论述了公司宗旨、管理哲学、基本经营策略、基本组织政策、人事政策、控制政策、道德与纪律等管理命题，并给出清晰的战略。它的特点是要淡化企业家的个人色彩，强化职业化管理，把个人魅力、牵引精神、个人推动力变成一种氛围，使它形成一个场，以推动和导向企业的正确发展。

《华为公司基本法》认为，“劳动、知识、企业家和资本创造了公司的全部价值”。此后基于“尊重人才而不迁就人才”价值观的华为内部价值评价体系和价值分配制度，成为华为管理制度中最具特色，也最具活力的部分。而在华为的价值分配体系中，最核心也是最有激励和凝聚作用的就是从1998年开始大规模施行的内部员工持股制度（2002年后，改革为内部虚拟受限股）。在创办初期，民营企业融资很难，华为采用了全员持股的方式融资，华为启动员工持股计划，每股价格1元。华为员工持股人数为61457人，持股成员全部由公司员工构成，约占9.5万名员工总数的64.7%。从2001年开始，华为实行期权改革，改革完成后，员工获得的股票转化为虚拟受限股，即所谓的“期权”。员工基于股东的定位，能够上下一心同时吸引人才。按照华为的惯例，员工如果离开华为，则要卖出手中所持股票，收购价与当初的购买价一致。2009年华为年报显示，深圳市华为投资控股有限公司工会委员会持有公司股份98.58%，而任正非仅持股1.42%。这个沿用至今的激励制度，成为刺激华为员工斗志最有效的一支兴奋剂。

在建立并逐步完善企业制度与文化系统的同时，华为开始全面引进国际管理体系，包括国际著名人力资源公司HAY集团的“职位与薪酬体系”，以及将英国国家职业资格管理体系（NVQ）引为企业职业资格管理体系，从IBM引进的集成产品开发（IPD）及集成供应链管理（ISC）；2008年，全球竞争加剧，华为与Accenture顾问公司在CRM（客户关系管理）上再次展开合作，其目的是优化华为从产品到客户的全流程，以提高华为全球化的运作效率。华为与国内各省市大客户及运营商共同出资成立分公司形成利益上的排他机制，与西门子成立了合资公司，专注于 TD-SCDMA 的研发、生产、销售和服务，共同推动 TD-SCDMA 的进一步发展。华为与摩托罗拉在上海成立了 UMTS 联合研发中心，旨在为全球客户提供功能更强大、更全面的 UMTS 产品解决方案和高速分组接入方案 （HSPA）。而在技术方面，华为也与世界一流公司（如Intel、Texas Instruments、Freescale Semiconductor、Qualcomm、Infineon、Microsoft、IBM 和 HP 等）进行合作和建立联合实验室。

华为在海外设立了 22 个地区部，100 多个分支机构，这使华为可以更加贴近客户，倾听客户需求并快速响应。华为在美国、德国、瑞典、俄罗斯、印度及中国等地设立了 17 个研究所，每个研发中心的研究侧重点及方向不同。采用国际化的全球同步研发体系，聚集全球的技术、经验和人才来进行产品研究开发，使华为的产品一上市，技术就与全球同步。

华为还在全球设立了 36 个培训中心，为当地培养技术人员，并大力推行员工的本地化。全球范围内的本地化经营，不仅加深了华为对当地市场的了解，也为所在国家和地区的社会经济发展作出了贡献。

目前，华为的产品与解决方案已经应用于全球 100 多个国家和地区，国际市场是华为销售的主要来源。2009 年，华为全球销售收入 1491 亿元人民币（约合 218 亿美元），同比增长 19%。营业利润率 14.1%，净利润 183 亿元人民币，净利润率 12.2%。根据收入规模计算，华为已经成功跻身于全球第一大网络设备供应商。2009 年 9 月 26 日，《21 世纪经济报道》这样评价华为的管理进化，“华为的过渡阶段以很‘土’的 《公司基本法》起头，用很‘洋’的企业管理体系的建立收尾。这对华为来说几乎是一个脱胎换骨的过程。”

在华为公司基本法的起草人之一彭剑锋看来，“其实，《华为公司基本法》是一个历史产物，它只是华为在十年以前，为了适应经营环境，为了解决高速成长过程中所面临的问题，做出的一个基于未来发展的经营假设系统。《华为公司基本法》对华为成长和发展的实际效果可能远没有它给华为创造的品牌效应和对中国其他企业带来的启迪价值大。《华为公司基本法》可以说引领了华为十年的高速成长，保证了华为在战略上的专注与执着。《华为公司基本法》的起草过程使任正非本人实现了自我超越，完成了对企业未来发展的系统思考，同时通过这一个过程使得高层管理团队达成了共识，形成了统一的意志。”①

北京时间2010年1月26日，《朝鲜日报》推出“中国IT知本家”栏目，介绍了华为任正非，以下是该文摘要：

任正非1944年出生于贵州省安顺农村，是他家七子女中的长子。1987年43岁的任正非拿着2万元，在广东省深圳和6位创业伙伴一起筹建华为。创建初期的华为大量买入通信设备，转手再卖出去。随后，任正非开始探索转型之路，他在深圳租了一处破旧的厂房，和几位年轻人一起开始自主研发通信设备。终于，华为在创建仅10年时，就成了中国通信设备市场的巨头。

华为的成功秘诀是不断的技术研发和对技术的执着。据说，华为年销售额的10%左右投入于研发费用。甚至有推测认为，研发费用的比例已经超过了10%。华为有8.75万名职员，其中42%的员工是研发人员。此外，积累专利达3.5773万个。华为模仿通用电气的人事管理系统，对业绩差的后5%的员工毫不留情地进行人事调整。华为员工平时总在桌边放一张折叠行军床备用，晚上加班到深夜，或白天想打盹儿时，就会把行军床拿出来。华为的企业口号就是借用美国西点军校的校训。在华为，“先死后生”、“卧薪尝胆”和“自我批判”等政治和军事用语比比皆是。只要任正非制定目标、下突击令，下边的人就无论

① 彭剑锋. 华为基本法的嬗变与重构，中国营销传播网，2006-07-14，《销售与管理》，2006（7）.

如何必须要做到。但对普通人而言，华为还是个陌生的名称。身为世界五大通信设备企业之一，却尚未挂牌上市。新生代 IT 明星愿意现身媒体，然而任正非以极力回避媒体采访而闻名。所以不少国外媒体戴着“华为 = 神秘企业”的有色眼镜注视着它的走向。

Kubi 点评

改革开放以来，中国社会最深层的转变就是私权的回归和知识的上位。私权的回归首先表现在恢复农民对土地的长期使用与支配权，通过土地承包责任制解决了全中国八亿农民的就业保障和十几亿人的吃饭问题；接着是允许个体私营经济的兴办与发展，从而为吸收城镇和农村的闲散劳动力提供了容器，极大地丰富和改善了百姓的物质和文化生活；随后是《物权法》的颁布，在法律上明确了私有财产权的合法归属，实质上还原了公民对私有财产的占有权、定价权、交易权和传承权。从公而忘私、大公无私，到公而有私，私权不可侵犯，体现了执政党政治上的成熟和自信，更体现了民生、民本在稳定经济环境、保证国家持续健康发展方面的战略意义。

知识的上位则表现在：

①恢复高考打开知识改变命运的通道；

②学历和职称成为员工招聘、职位提升和待遇改善的通用杠杆；

③拥有技术和管理能力的人享有企业期权或股权。宏观上是这样，微观上更是这样，引领企业长期发展的抓手就是找到上下同欲、利同道合的权益分配与激励机制。

志同道合是革命，利同道合是创业。郭凡生和他的慧聪国际结合私权回归和知识上位的两大趋势，推出家族企业的劳动股份制或者叫知识股份制传承了晋商企业制度的精华，吸取了当代互联网行业的现代期权制度特点，为中国民营企业特别是家族企业的激励机制建设提供了非常宝贵的管理样本。任正非的华为公司仿照美国宪法和香港基本法模式推出了中国第一部企业法典《华为公司基本法》，与此同时大胆引进跨国企业的管理体系与管理工具，用法治精神和管理技术规范企业治理，缩短与现代企业的管理水平和运营效率差距，成功晋身世界五大通信设备与技术集成供应商。但正如郭凡生所讲，制度不是万能的，企业制度需要与对的企业战略和科学的管理方法相结合。任何企业制度的借鉴和应用都不能简单地复制或照搬，需要结合自身的企业战略和管理体系，结合自身的市场环境和社会环境创造性地、建设性地吸收和应用。

对照案例——“旭日升”的巧与拙

1994 年，旭日集团筹资 3000 万元用于茶饮料的生产和开发。他们聘请国内一流的科研单位参与研制，使产品保持了茶叶的天然色香味，还独创了在茶饮料中充入碳酸气的新技术。旭日集团总裁段恒中把这种具有流行时尚和传统风格的饮料取名为“冰茶”。

客观而论，旭日升的品牌价值首先得益于其独特的市场细分概念——冰茶，冰茶概念的推出解决了数千年来茶水就得边沏边喝，不方便携带与即开即饮的问题。碳酸与茶香的精心结合融东方神韵与西方口感于一身，出奇传神，巧夺天工。这种市场灵感与科学技术的契合在消费者心目中留下了不可磨灭的印象。其次，旭日升的品牌价值还表现在其领先的“借鸡生蛋”式轻资产运营模式：租赁或外包闲置生产厂房与设备定制旭日升系列产品；旭日升的品牌价值还表现在其生逢其时高举高打的广告驱动策略。

“旭日升”冰茶一上市，当年即创收几百万元，冀州供销社一下扭亏为盈。需求快速增长的同时旭日集团没有急于把赚来的钱用于购买生产设备，深谙经营之道的段恒中把钱投给了广告。1995年，旭日升冰茶的广告开始频繁出现在河北和北京等地的电视台。当年，旭日升销售达到5000万元，订单雪片般从全国各地飞到昔日平静的河北冀州。1996年，旭日集团利用租赁厂房或委托加工的形式在全国开设了23家分公司。不仅是饮料本身，包括包装、运输等环节，集团也大多采用了这种外包的模式。后来在冀州，旭日升这个“借鸡生蛋”的故事广为流传。1996年，旭日升冰茶5亿元的销售业绩再次让业界咋舌。

1998年，旭日升当年销售额达到惊人的30亿元，在人们惊呼奇迹的同时，旭日集团开始步入了鼎盛时期。那时，集团启动了全国各地60多家大中型企业的饮料罐装生产线，容纳带动了315家各类生产加工企业，盘活呆滞资产65亿元。1999年，为了打压竞争对手，旭日集团确定“冰茶”为旭日集团商品特有名称，并在国家工商局注册，将自己创造出来的要领以商标作壁垒“独家垄断”。

相对于经营上的创新与灵巧，旭日升在销售终端几无作为，由于旭日集团采取按照回款多少来进行工作考核的管理思想，而忽视了市场通路的精细化建设和终端的搏杀与竞争。业务员为了配合企业考核，和经销商联合套取公司返利政策；在诱人的利益下，经销商十分配合分公司的回款，终端竞争和消费者回馈被置于脑后。面对内部出现的问题和一线市场的对手阻击，旭日升领导意识到需要由粗放、经验主义的管理向量化、标准化管理转变。但在改革策略上旭日集团急于求成，企图开颅换髓，不惜休克求生。

2000年底到2001年3月间，首先，集团一次性引进了30多个博士、博士后和高级工程师，其中分管营销的副总经理还曾任可口可乐中国公司的销售主管，负责集团战略研究与规划；分管人力的副总经理是留英多年的经济学博士；其次，集团总部建立了物流、财务、技术三个垂直管理系统，试图从平面管理向垂直管理转变。旭日集团架构重新划分为饮料、冰茶红酒、茶叶等五大事业部，想以此实现多元化经营。集团总部还制定了近40万字的专业化管理制度汇编，43项管理制度事无巨细……

随后，段恒中把原来在一线的1000多名销售人员安排到生产部门，使这些员工的收入一下子减少了一半甚至更多。一位2003年底离开旭日集团的员工回忆说，当时由于老员工情绪比较大，一些人选择了跳槽，而继续工作的员工则出现了消极怠工的情况。

古今中外，大凡改革不仅仅是一种组织结构和运营模式的转变，改革的实质是攸关方利益的优化组合，在利益没有协调好之前，改革类似纸上谈兵，实难触动执行者的神经。不管是观念、制度还是团队的更替，都需要稳妥的传承和有效的衔接。如果改革变成晚辈对前辈的全盘否定甚至剥夺，以改革为名的运动就会变成内部动乱。事后证明，当年旭日集团大刀阔斧的改革并未让产品的市场表现“止跌回升”，组织内部的混乱就已经成了整个集团的首要矛盾。陷入内乱的旭日升团队对市场变化丧失敏感反应和应对智慧。

2000年，康师傅在内地市场推出了系列茶饮料，意识到来者不善的旭日升仓促扩军应战。2001年，旭日集团推出了“旭日升茶韵”系列，产品线从原本仅有的冰茶、暖茶扩充到40多个品种大系，增加了绿茶、乌龙茶和冰红茶等新品。为此，他们还聘请了全球消费者行为与市场信息调查机构——AC尼尔森公司协助调查消费者的口味。康师傅请任贤齐做产品代言人，旭日升就请来了刘德华，之后又换成“冷酷到底”的羽·泉。这些积极的市场应对给旭日升带来了一线转机，但旭日升茶饮料的市场在2001年还是急剧下跌。无奈之余，旭日升退守至华北、西北和东北等地。

2001年，内外交困的旭日升在竞争对手康师傅和统一强大的市场攻势面前，颓势难挽，市场份额持续下跌，从原来的市场占有率超过70%跌至不足30%。2002年1~3月，旭日集团茶饮料事业部的销售额仅有可怜的1.6亿元，不及鼎盛时期的五分之一。2002年下半年，旭日集团开始停止市场铺货。如今除了在个别地区旭日升的产品仍有零星生产和销售外，消费者已经很难再看到旭日升的影子了。

旭日升的起落好比闯王进京，有了君临天下的机会，但缺乏驾驭朝野的韬略与智慧。将农民起义军改编为正规军需要分期分批的权益让渡与矛盾消化。从诸侯到帝王的演变不只是口号与行头的变化，还需要理念、文化、制度与团队的升级与更新，在快速变化、竞争惨烈的市场环境中，旭日升内外交困，日暮途穷。尽管请了洋人把脉、高手操刀，仍未寻到再生的出路。

2011 年 2 月 23 日，汇源集团正式对外宣布通过竞拍获得旭日升全部 164 枚商标所有权。汇源集团此次竞拍共出资 1201 万元，收购的目的就是要重塑旭日升昔日的辉煌。一个沉寂十年的品牌再度被拾起，事件引起的波澜并没有汇源想象的那么煽情。十年之后，茶饮料市场已物是人非，康师傅、统一、可口可乐、王老吉等茶饮品牌为人熟知，人们似乎已经习惯了没有旭日升的日子，教科书中、培训课上偶尔提起旭日升，更多的是作为失败案例剖析。

十年过后，汇源的怀旧公关使我们重新有机会像打捞沉船一样评估旭日升沉淀后的价值：品牌是一个引人入胜的电视连续剧，当你带来情趣和价值的时候，人们会关注你的活动；当你丧失情趣和价值的时候，人们默默地换了频道。

第九章 比亚迪的“锂电车”与玖龙的“再生纸”

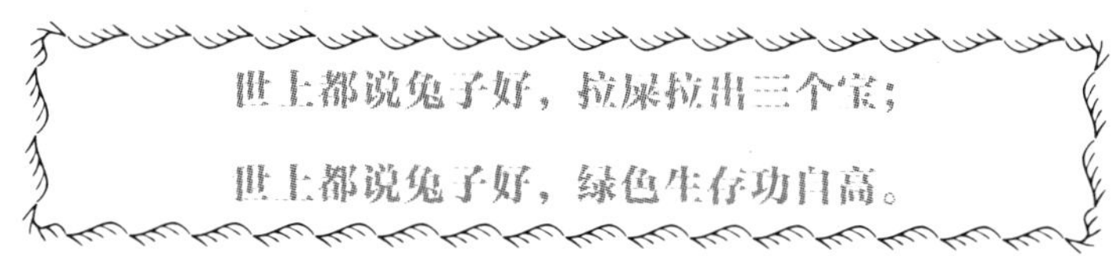

第一节 循环营养

研究人员发现，兔子不仅吃草，还有自吃粪便的习性，这是因为兔子夜晚排泄的粪便中富含维生素B、蛋白质和植物纤维。为了进一步吸收营养，并且排出难以消化的食物，兔子的大便分两种排出，一种是坚硬、圆滚滚的黑色小颗粒，另一种是柔软黏稠但富有营养的粪便，一些兔子会直接从自己肛门处吃掉软的粪便。富含营养的粪便与自食粪便的习性再一次体现兔子的独特性，这种特性与现代人类社会低碳经济和可持续发展的增长模式如此合拍，进一步拉近了兔子与人类的距离。

第二节　低碳经济

随着全球人口和经济规模的不断增长，能源使用带来的环境问题及其诱因不断地为人们所认识，不只是烟雾、光化学烟雾和酸雨等的危害，大气中二氧化碳浓度升高将带来的全球气候变化，也已被确认为不争的事实。在此背景下，摒弃高能耗、高污染增长模式，寻求可持续发展的“低碳经济”概念与政策应运而生。

低碳经济，是指在可持续发展理念指导下，通过技术创新、制度创新、产业转型、新能源开发等多种手段，尽可能地减少煤炭、石油等高碳能源消耗，减少温室气体排放，达到经济社会发展与生态环境保护双赢的一种经济发展形态。

“低碳经济”最早见之于政府文件是在2003年的英国能源白皮书《我们能源的未来：创建低碳经济》。2006年，前世界银行首席经济学家尼古拉斯·斯特恩牵头做出的《斯特恩报告》呼吁全球向低碳经济转型。2010年8月，国家发改委确定在5省8市开展低碳产业建设试点工作。

低碳经济的特征是以减少温室气体排放为目标，构筑低能耗、低污染为基础的经济发展体系，包括低碳能源系统、低碳技术和低碳产业体系。低碳能源系统是指通过发展清洁能源，包括风能、太阳能、核能、地热能和生物质能等替代煤、石油等化石能源以减少二氧化碳的排放。低碳技术包括清洁煤技术（IGCC）和二氧化碳捕捉及储存技术（CCS）等。低碳产业体系包括火电减排、新能源汽车、节能建筑、工业节能与减排、循环经济、资源回收、环保设备、节能材料等。低碳经济的起点是统计碳源和碳足迹。二氧化碳有三个重要的来源，其中，最主要的碳源是火电排放，占二氧化碳排放总量的41%；增长最快的则是汽车尾气排放，占比25%；建筑排放占比27%，随着房屋数量的增加而逐渐地增加。

第三节　绿色运营

低碳经济的关键指标就是要减少经济发展产生的碳排放。汽车尾气排放是二氧化碳三大来源中增长最快的指标。特别是在2009年，我国汽车产销量超越美国成为全球第一大汽车市场，这个问题越来越严重。正是在此背景下，比亚迪选择新能源汽车作为企业的战略发展方向。

比亚迪股份有限公司（以下简称“比亚迪”）创立于1995年，是一家在香港上市的高新技术民营企业。比亚迪在广东、北京、上海、长沙、宁波和西安等地区建有九大生产基地，总面积将近1000万平方米，并在美国、欧洲、日本、韩国、印度、中国台湾、中国香港等地设有分公司或办事处，现员工总数已超过14万人。在2009年中国企业500强中，比亚迪排名第216位。

1995年2月，除了自己掌握的电池技术而几乎一无所有的王传福靠借来的250万元注册成立了比亚迪科技有限公司，带领着20多个人开始造电池，仅仅用了3年时间就占有了全球镍镉电池市场近40%的份额，位居全球第一。而在看到锂电池的市场前景后，比亚迪又毅然投入锂电池的研发之中，并且很快就突破了日本人的封锁，成为全球最大的手机锂电池制造商，占有该市场30%的份额。

当发现以电池为代表的IT产业群面临一个发展瓶颈之后，王传福想到利用现有的成熟的电池技术上的优势，将其嫁接到汽车产业上，并且认定电动车会是未来发展的方向。

2003年，比亚迪正式收购西安秦川汽车有限责任公司（现“比亚迪汽车有限公司”），进入汽车制造与销售领域，开始民族自主品牌汽车的发展征程。过渡到汽车领域之后，比亚迪依然延续自己设计、制造的传统，把汽车产业供应链条的环节逐个分解，然后纳入自己的制造体系中，自己生产发动机、底盘、模具、电子系统、内饰等，打造了一个完全拥有自主知识产权的品牌。

发展至今，比亚迪已建成西安、北京、深圳、上海四大汽车产业基地，汽车产品包括各种高、中、低端系列燃油轿车，以及汽车模具、汽车零部件、双模电动汽车、纯电动汽车等。比亚迪有中央研究院、通讯电子研究院以及汽车工程研究院，专门负责生产设备及生产工艺的研发，拥有多种产品的完全自主开发经验与资料积累。

比亚迪除了电动车之外，还涉足储能电站及太阳能技术。比亚迪深圳坪山总部大楼前方有一个新能源示范基地，在由两栋别墅组成的“未来村”里，太阳能及风能的稳定开发、利用、存储都得以实现。

2007年，比亚迪电子（国际）有限公司在香港主板顺利上市。2008年9月27日，美国著名投资者“股神”巴菲特的投资旗舰伯克希尔—哈撒韦公司旗下附属公司中美能源控股公司宣布以每股8港元的价格认购比亚迪2.25亿股股份，约占比亚迪本次配售后10%的股份。巴菲特投资代表了对比亚迪品牌价值的认可，对于加速比亚迪新能源汽车及其他环保产品在北美和欧洲市场，乃至全球的推广都极具战略意义。2009年，比亚迪公司总裁王传福以350亿元身价荣登中国首富的宝座。

全新科技的比亚迪F3DM低碳版双模电动车于2010年3月29日上市。从官方曝光的图片可以看出，该车搭载了全新的车顶太阳能电池充电系统。比亚迪F3DM车辆可以在纯电动（EV）和混合动力（HEV）这两种模式之间自由切换。这种技术的好处显而易见，纯电动模式下即实现了零排放，混合动力的排放标准也远远优越于欧Ⅳ标准。在纯电动的模式下，F3DM双模电动车也实现了目前世界上最长的续航里程——100公里，最高时速可达150公里/小时。此外，F3DM双模电动车使用的铁电池，原材料广泛、无污染、可回收，其耐热性、抗压性都已经通过国家测试。而且电池循环充电2000次后容量还有80%以上，实际可使用4000次。重要的是，F3DM将是全球第一款上市的不依赖专业充电站的双模电动车。该车在比亚迪电动汽车充电站快速充电10分钟可充满50%，家用电源上慢充7小时可充满。

2010年，深圳市政府购买100辆比亚迪作为出租车投入运营。不仅如此，比亚迪风头最劲的双模电动车F3DM被列入工信部出台的首批《新能源汽车推荐目录》中，并成为唯一一款被推荐的轿车。

2011年10月26日，继比亚迪混合动力车F3DM进入深圳家庭后，国内首款纯电动车e6先行者在深圳正式上市。这不仅标志着纯电动车正式进入深圳家庭，也标志着深圳迎来纯电动车时代。

据比亚迪高级副总裁廉玉波介绍，比亚迪e6先行者配备多项国际最新的技术，如智能无钥匙系统、语音导航系统、车载数字电视、倒车影像、智能服务、“云”系统等多项高端电子智能配置，可实现手机遥控开/闭锁、遥控车辆启动等远程控制功能，以及重要资讯、股票、航班、天气等信息实时查询，并提供24小时一键人工服务。据介绍，除零排放外，该车搭载的无污染、高容量、超安全铁电池，动力强劲，最大功率为90千瓦，最高车速可达140公里/小时以上。在不开空调的情况下，综合工况续驶里程最长达300公里。这款纯电动车动力电池和启动电池，均采用比亚迪自主生产的铁电池，其含有的所有化学物质均可回收，不会对环境造成任何危害。与燃油车相比，该车运行的经济性也十分突出：以一辆燃油私家车一年行驶 1.5 万公里、每百公里耗油 10 升计算，一年耗油 1500 升，按 93 号汽油每升 7.65 元计算，每年需花油费 1.1 万多元。而汽车每消耗 100 升汽油，相当于排放 270 千克的二氧化碳。行驶同样的里程，e6 先行者百公里能耗为 19.5 度电，其费用仅相当于燃油车的 1/4，一辆车一年能减少约 2.8 吨二氧化碳排放。

为加大新能源汽车推广力度，深圳市政府与南方电网、中国普天等公司合作，在全市加快充电站（桩）建设。记者从南方电网新能源公司也了解到，为配合深圳新能源汽车的推广，该公司充电站（桩）建设也全面提速。除一大批大型充电站正在加紧建设外，该公司对居民小区的充电桩建设也快马加鞭。深圳人购买电动车后，只要提出申请，他们会在第一时间上门安装充电桩，确保车主有电可用。

尽管纯电动车批量生产与广泛普及还需要克服很多障碍，比如产品价格优惠及政府补贴资金到位情况，小区和高速两旁的配套充电设施以及快速更换电池技术，但比亚迪的新能源汽车探索还是得到了来自社会各界的肯定与赞许，深圳市及中国电网已经在规划并部分实施充电桩和充电站的建设，相信电动汽车进入寻常百姓家的日子会越来越近。

如果说王传福的新能源汽车让我们看到了低碳时代的曙光，那么，玖龙纸业张茵的事业已经为中国乃至世界种下了郁郁葱葱的绿色森林。2009 年，胡润财富榜给张茵戴上了“中国女首富”、“工业制造首富”和“低碳首富”三项桂冠。这位白手起家的女性，在环保事业和金融危机面前所表现出来的气魄和智慧，使她成为创业者学习的榜样。

1985 年春天，张茵揣着 3 万元只身来到香港做起废纸回收贸易。张茵的坦诚和实在，赢得了内地客商的信赖，从而迅速打开了局面，一年后便有了自己的纸行和打包厂。为了寻求更大的发展，1990 年，张茵毅然在美国成立了美国中南有限公司（ACN），为中国工厂购买并提供废纸原料。

经过张茵夫妻的数年打拼，美国中南公司迅速发展壮大起来，旗下已经有了7家打包厂和相当规模的运输车队，年出口超过500万吨，并以年均30%的速度递增，业务遍及美国、欧洲、亚洲等地区，成为美国最大的再生造纸原料出口商。

1996年，张茵抓住机遇投资1.1亿美元，在广东东莞创建了第一个独资企业——东莞玖龙纸业公司，从美国中南公司收购的废纸直接运到中国工厂生产为高档牛卡纸。一条设计年产20万吨牛卡纸的生产线于1996年年初动工兴建，1998年7月投产。由于全程自动化控制、效率高、质量稳定，玖龙纸业迅速替代了进口产品，先后成为可口可乐、耐克、索尼、三洋、长虹、康佳、海尔、TCL、科龙、宝洁、美的等知名品牌的供应商。

为缓解国内高档包装纸需求紧缺的矛盾，1999年7月，张茵为东莞二期工程追加投资1亿美元，新增一条年产40万吨高档包装纸的生产线。一年之后，第三期年产40万吨的生产线又动工了，这次仅用9个月时间就建成投产，创造了造纸行业内的又一个奇迹。至此，张茵在东莞玖龙已累计投入3.7亿美元，东莞玖龙纸业成为世界上屈指可数的百万吨级巨型包装纸生产厂商之一。

随着中国经济持续快速发展，特别是作为“世界工厂”，生产的产品都需要高质量的包装物，因此玖龙纸业产品供不应求。2005年以来，玖龙纸业先后投资数十亿美元，在内蒙古扎兰屯、西部的重庆、环渤海经济圈的天津等地分别建立了四大造纸基地。到2009年，玖龙纸业年产量达到1015万吨，居全球首位。

2006年10月11日，“胡润百富榜”在上海揭晓，49岁的张茵以270亿元身家登上“胡润百富榜”首位，成为中国第一位“女首富”，以炫目的姿态走进了人们的视野之中。

2008年从“提案门”到“血汗门”再到“破产门”，张茵在不经意间陷入一个又一个舆论旋涡的同时，全球金融危机更是给了高速扩张的玖龙纸业沉重的打击，在短短的13个月里，玖龙纸业股价直泻约97%。在一年多的时间里，张茵执掌的玖龙纸业经历了一次“起死回生”的过程，张茵的财富也完成了一个漂亮的“V形反转”。

2009年，中国政府推出一系列刺激经济措施，国内造纸业的经营环境走出低谷。敏感的张茵迅速调整政策，实行出口转内销等策略，并延续之前回购公司股票、提前偿付部分银行贷款等做法，以此提振投资者信心。玖龙纸业不仅没有在危机中倒下，而且很快就走出了泥潭。

2009年12月2日，玖龙纸业反弹至14.58港元的高位，较最低点上涨幅度将近20倍。2009年11月2日，“胡润百富榜”首次发布“低碳富豪榜”，张茵以330亿元的财富位居榜首，成为“中国低碳女王”。

节能减排、发展低碳经济是我国今后的产业转型的主要方向之一，低碳产业的财富创造速度将会越来越快，并会因此成为投资者的新宠。废纸回收在国外享有“城市里的森林”的美誉。据测算，利用1吨废纸可生产约0.8吨成品纸，可节约3~4立方米的木材，可节省约1.2吨标准煤、600度电、100多吨水，同时减少了废物的排放，减轻了环境治理的负荷。所以说，废纸的循环再利用，为我们节约了大量的森林资源，为子孙后代留下更多的青山绿水。玖龙纸业作为亚洲最大的包装纸生产商，张茵一直致力于以废纸为主要原材料生产高档包装用纸，对环保和节能减排作出了重要贡献。

Kubi 点评

“有的人活着，他已经死了；有的人死了，他还活着。”臧克家先生的诗句对企业评价同样适用。利益的诱惑和机会的竞争经常促使企业的行为脱离常规、背叛初衷。有时候，不经意的出轨可能葬送企业半世的清白。得道多助，失道寡助，尽管“得道”的代价很大，“失道”的理由很多，守住“不作恶”的底线可能为企业积累并赢取更多的资源和更好的经营环境。大江东去，逝者如斯，剩下的兔子自然成为行业翘楚。比亚迪豪赌新能源汽车，玖龙纸业专注废纸再生，恰恰是赌对了市场需求和政策支持的大势，天有天眼，善有善报，在政策和市场环境顺风顺水的比亚迪们为成长中的企业提供了正道善行的标本和例证。

对照案例——“中国塑料袋大王”“猝死”之谜

河南华强塑料有限公司，一个年产量25万吨、年产值22亿元、规模连续11年居塑料袋包装行业全国之冠的企业，一个拥有约2万名职工、占有全国40%市场份额的企业，在2008年的春节轰然倒下，倒在了国家的“环保门”前。这个庞然大物的“猝死”，无疑给沿海地区向中西部地区的产业转移热敲响了警钟。

一个为自己赢得“全国塑料袋大王”美誉的企业，为何猝然倒下？

业内专家分析了华强停产的原因：

首先，国家政策因素。2007年12月31日，国务院办公厅下发《关于限制生产销售使用塑料购物袋的通知》，从2008年6月1日起，在全国范围内禁止生产、销售、使用厚度小于0.025毫米的塑料购物袋。而漯河华强的产品90%以上属于国家禁止生产、销售和使用的超薄塑料袋。

其次，由于原材料涨价，2006年和2007年河南华强塑料有限公司（包括遂平华强和漯河华强）相继亏损了300万元和700万元，如果转型生产环保型塑料袋，需要投入巨资对产品进行更新改造，有可能使亏损面加大。

最后，于2008年1月1日起施行的《中华人民共和国劳动合同法》规定，劳动者在该用人单位连续工作满10年的，应当订立无固定期限劳动合同。遂平华强成立于1995年，漯河华强在1998年5月建厂，当年启动生产，许多职工工作期限已经或即将达到10年，他们所签劳动合同大多于2008年1月31日到期。另外，在漯河华强1.14万名职工中，参加养老保险的不足3000人，遂平华强与之类似。

据了解，漯河华强职工人数最多时为1.5万人，前几年的生产经营很红火，成为漯河为数不多的好企业，统计数据显示，漯河华强2007年的销售收入为15.4亿元，上交税收9700多万元（其中国税为8152.9874万元），近10年累计上交税收1亿多元。

业内人士分析，广东南强落户河南，属于劳动力密集型产业向中西部转移的典型代表，但其停产后造成的巨大冲击波也给当地的就业、产业规划、服务环境带来了一定影响。河南省科学院地理研究所所长冯德显博士称，华强退出是国家产业政策调整的产物。白色塑料污染是全球面临的环保问题，超薄塑料购物袋容易破损，大多被随意丢弃，降解难，焚烧又会产生有害气体，是各国环境保护的难题。因此，它的倒下是时代发展的必然产物。

河南华强塑胶公司倒闭警示我们，内地在项目引进中必须注意研究国家产业政策走向。一方面是产业政策走向，比如化工、农药、造纸、皮革等高污染性产业，矿产资源开掘业、部分影响生态修复和环境建设的旅游、林产品加工、山区生物资源的开发等，在引进时一定要谨慎；另一方面是区域环境治理政策走向，对淮河流域、南水北调源头（丹江口水库）水源保护地、黄河湿地等生态环境敏感地区的开发项目，招商引资时更要慎重。

任何生命都不能脱离自然生态而生存，任何企业都不能超越社会背景而发展。因此，企业投资战略应充分尊重并适应社会宏观政策与人文环境的约束与需求。顺大势者，得道；逆大势者，失道。得道多助，失道寡助。古往今来，概莫能外。

低碳经济与清洁能源行业产业背景：国家关于低碳经济的政策与行动①

2009年11月6日，国家发改委相关官员表示，中国正在酝酿推出一场新的经济振兴计划，主要针对的是新能源、新材料、生物医药等新兴产业。这是继四万亿投资计划、十大产业振兴规划、调结构淘汰落后产能后，中国有望出台的又一项经济计划。

环境保护部中国环境规划院副院长王金南测算，中国绿色经济在2005~2007年占到整个经济的比重8%以上。预计“十一五”期间绿色产业投资总量在60800亿元。他指出，为了促进绿色经济进一步快速发展，在“十二五”期间，可以将绿色经济占整个经济的比重和万元GDP物质投入、万元GDP能耗、万元GDP水耗、万元GDP土地消耗，可再生能源占总能源消费的比例，以及主要污染物排放等，纳入国家考核指标。

我国近期低碳经济与新能源产业领域最重要的发展领域为：清洁煤技术、新能源汽车、智能电网、新能源规模发电等。

清洁煤技术放在低碳经济与新能源产业领域最重要的位置。中国相对富煤贫油少气的资源禀赋条件，决定了以煤为消费主体的能源格局短期内不会改变，决定了中国低碳经济政策的制定与实施都必须优先考虑煤。从中长期来看，发展无污染的清洁煤发电技术是中国实现低碳经济的关键，整体煤气化联合循环发电技术（IGCC）将成为未来煤电主流。

大力发展新能源汽车是低碳能源供应、交通运输节能的重要举措，对缓解能源供需矛盾、改善环境有着重要的推动作用。2009年1月中国汽车月销售量首次超越美国，稳坐世界汽车市场的头把交椅。我国是全球第二大石油消耗国，每年有85%的汽油和20%的柴油被汽车烧掉，汽车无疑成为能源消耗大户，能

① 中国金融投资，2009年11月16日。

源紧张、环境恶化与汽车行业发展的关系十分密切。新能源汽车在政府大力支持下，产业面临快速发展，中国有望在不久的将来成为电动汽车的世界中心。

发展智能电网，积极支持新能源的发展。智能电网计划是国家电网公司2009年5月21日首次公布的，其内容有：坚强智能电网以坚强网架为基础，以通信信息平台为支撑，以智能控制为手段，包含电力系统的发电、输电、变电、配电、用电和调度各个环节，覆盖所有电压等级，实现“电力流、信息流、业务流”的高度一体化融合，是坚强可靠、经济高效、清洁环保、透明开放、友好互动的现代电网。坚强智能电网的主要作用表现为，通过建设坚强智能电网，提高电网大范围优化配置资源能力，实现电力远距离、大规模输送，满足经济快速发展对电力的需求。

中国能源禀赋特点是富煤贫油少气，煤炭大量消费导致环境不断恶化；对海外石油依赖度不断增加影响国家安全。因此，新能源必须成为中国未来低碳经济重点发展的领域。

所谓企业家就是不再为生活做企业，而是通过企业、通过员工、通过市场资源去影响促进整个社会发展的人群。健康企业基于企业家对本土和世界、对现在和未来的深刻认识和乐观预期。健康企业的共同特点是建立在明确而坚定的价值观基础上的强烈使命感，这种价值观保证他们抑制私欲，拒绝诱惑，坚守自己的事业道路，强烈的使命感则驱使他们不断超越自我，创造奇迹。

2001 年之前，即中国加入世界贸易组织之前，中国经济尚未纳入世界经济贸易圈，中国产品、资源、人才无法按照游戏规则加入全球化经济游戏中去。因此，中国人的世界观无法超越国界，影响全球。这之前的国人的世界观很狭隘、很局限，往大里说，顶多叫中国观，还谈不上世界观。因为关着国门，我们仍然在坐井观天。

2011 年是中国加入世界贸易组织十周年，始于 20 世纪 70 年代末的改革开放开启了中国与外部世界交往的大门，并在接触、碰撞与融合的过程中走上复兴之路。在经济全球化的大背景下，中国“入世”加速了这一进程，成为中国与外部世界实现“双赢”的润滑剂与助推器。同时，中国“入世”也重塑了世界经贸格局。

数据显示，2001 年国际贸易总量为 12.6534 万亿美元，2010 年为 30.3870 万亿美元，十年增长逾 140%。中国货物贸易进出口规模从 5098 亿美元增至近 3 万亿美元，增长 4.8 倍，中国已成为世界第一大出口国和第二大进口国。服务贸易方面，中国进出口规模从 719 亿美元增至 3624 亿美元，增长 4 倍。

这期间，中国国内生产总值从 2001 年的 11 万亿元增至

2010年的近40万亿元，年均增长超过10%。2010年，中国经济总量（按汇率法的GDP计算）已升至世界第二位，占世界总量比重超过9%。中国人均国内生产总值由2000年的800多美元增至2010年的4000多美元。

作为改革开放的重要里程碑，中国“入世”给全球贸易发展提供了巨大助力，中国与其他国家分享繁荣并实现共赢。更为重要的是，中国“入世”开阔了人们的视野，改变了人们的思想观念，促进了体制改革和制度创新，极大增强了中国发展的内在动力。

2010年底，国际货币基金组织对中国经济首次进行量化分析后表示，中国与外界的贸易和资本流动可通过不同管道影响其他国家经济增长。10年来，中国每年平均进口7500亿美元商品，相当于为贸易伙伴创造1400多万个就业岗位。在华外商投资企业累计汇出利润2617亿美元，年均增长30%。中国对外投资企业聘用当地员工接近80万人，每年在当地纳税超过100亿美元。此外，中国物美价廉的商品为国外消费者带来了巨大实惠。

中国“入世”十年来完成了从全球贸易治理的普通角色到重要角色的转换。在多边贸易体制内，尤其在多哈回合谈判过程中，中国努力维护发展中国家利益，并加强与发达国家之间的政策协调，多次在谈判的关键时刻扮演协调者角色，维护多边贸易体制和推动国际贸易秩序朝更加公正合理的方向发展。在实业界，特别是家电、计算机、汽车、互联网等领域，中国企业家完成了由小学生到值得重视的竞争与合作伙伴的角色转变。

第十章　吉利的“高端车”与联想的“扩张路”

世上都说兔子好，兔子羡慕大象高，

很想骑上大象背，不紧不慢乐逍遥。

第一节　兔子的“图腾”

据《新闻晚报》2005年9月9日报道：俄罗斯彼尔姆市动物园一头名为“忠尼”的大象18日迎来了自己40岁的生日，从而成为世界上由动物园或马戏团豢养的最长寿的大象。据俄塔社援引动物园工作人员的介绍报道，“忠尼”不仅创下长寿纪录，而且还是全球生活在最北部地区、肤色最为粉红的大象。

在哺乳动物中，最长寿的动物是大象，据说它能活60~70岁。当然野生场合和人工饲养是不同的，前者的寿命短些。据记载，哥拉帕格斯群岛的长寿象能活180~200岁。

象栖息于多种环境，尤喜丛林、草原和河谷地带。群居，雄性偶有独栖。

以植物为食，食量极大，每日食量225千克以上，寿命约80年。

在食草动物中，兔子最崇拜的偶像就是大象。大象没有虎狼一样的威猛与血腥，行事中规中矩，步履不紧不慢，威风而又不失优雅，高大而又和善可亲。兔子在弱小的时候，喜欢模仿并跟随大象做事。每次共事都是大象定规则，兔子服从。因为大象不仅身材高大，而且拥有开阔的视野以及对食肉动物的威慑力，大象之所以看上兔子，是因为兔子可以提供勤谨而快速的服务。

第二节　上对"花轿"嫁错"郎"

20世纪90年代初，以宝洁为首的外资日化品牌大举进攻国内，很多中国日化企业选择了合资的道路。在这场合资运动中，本土品牌初衷似乎都一样：借更多的钱，做更大的事，拓展更大的市场份额。付出的代价是将自有品牌与设备转让给外资，在合资公司里占据不到一半的股份。一时间外资洗衣粉厂家都找到了自己的"伙伴"，在中国建立了自己的基地。如宝洁公司最初在广州与"浪奇"合资建厂，并相继在天津、成都、北京等地建立分厂；德国汉高公司更是在中国内地建立了多达13家分厂。当时整个中国都兴起了合资浪潮，政府官员都有着引资的任务，也希望国内企业能够合资，何况日化本就不是什么敏感性行业。继"浪奇"率先与宝洁合资之后，北方老大"熊猫"也投奔宝洁，而"海鸥"、"桂林"等则成为汉高旗下品牌。

在此期间，上海家化在政府招商引资的指令下，与美国庄臣公司合资成立了露美庄臣有限公司，上海家化把当时自己最具知名度的两个品牌——美加净和露美投入其中，由外方全面管理。据时任总经理葛文耀介绍，当时家化已经做到全中国市场占有率的16%，是第一位的。1990年上海家化实现45亿元的销售额，占全国市场六分之一。庄臣公司是世界领先的家庭清洁用品、个人护理用品和杀虫剂产品制造商之一，但经营化妆品毕竟不是它的强项。后来由于经营不善，露美、美加净这两个曾经著名的品牌市场声誉逐年下降，面临被淘汰出局的危险。1994年，趁庄臣公司在全球范围调整产品线的时机，上海家化毅然出巨资回购露美和美加净，成为当时轰动一时的新闻。

原本想借助外国企业的技术、资金、人才、营销经验等优势，来增强自己品牌的实力，达到维持生存或扩张市场的国内日化企业，没想到合资的外方企业不是要帮它们继续打造中国的品牌，共享中国品牌成功后的利润，而是看中中国企业手中的生产线、劳动力，以及忠实的消费者群体和成熟的销售网络，最终来冷冻中国的合资品牌，以达到扩大外资自有品牌市场份额、赚取更高利润的目的。所以，这场婚姻从一开始就是南辕北辙的婚姻，其结果注定要分道扬镳。

第三节　“黄皮肤”领导“蓝眼睛”

如果把20世纪90年代的合资潮比作中国企业通过嫁女换取企业扩展的资金，21世纪日渐式微的中国企业展开国际化并购活动已经类似跨国娶妻，更大程度上是要借别人的品牌开拓国外市场。

法国《费加罗报》2011年1月28日发表德蒙塔朗贝题为《中国开始购买世界》的文章，文章说：“中国将世界带到它的筷子前。自2000年以来，中国投资者数量增加20倍，没有什么地域或行业能够限制这样的胃口：非洲的土地和矿产，现在又瞄准南美、美国与欧洲的企业，到处修建基础设施，还有主权债务。没有什么可以逃脱中国金钱的攻势。”“与此同时，中国还通过强势政策在世界上到处买农业用地和矿业。”

文章作者显然是为了吸引读者眼球，挖空心思选用了令人触目惊心的词句，权威的数据表明2010年中国海外投资只占全球跨国投资总额的比例很低，60%~70%以上的份额仍然被欧美垄断。企业并购仅仅是中国企业扩展市场的手段之一，成长中的中国国内消费市场仍然是中国企业的市场主体。

并购过程并不像结婚娶妻，喜气盈门，因为并购双方都有明确的利益企图和妥协底线。并购的动力来自利益上的互相需要，而不是为此可以奉献一切的情感。一个人的过门和一群人的加盟是迥然不同的两个游戏。并购绝非谁吃谁，如果抱着把对方吃掉的心态做并购，最终会落个“赔了夫人又折兵”。

2009年，中国汽车产销突破1360万辆，首次超越美国成为世界第一的汽车生产和消费国。尽管如此，在财经记者眼中，中国汽车形象仍然不敢恭维：“打开很多自主品牌车型的引擎盖，你会发现它们的发动机罩下面都是三菱4G系列发动机，或者是仿制的其他如丰田8A、5A系列发动机等；而自主品牌车型的自动变速箱也几乎无一例外的是外国货：德国ZF、日本爱信、日本Jatco、比利时PUNCH；至于发动机的大脑——发动机控制单元则基本来自马瑞利、博世等世界大厂。不仅如此，不少自主品牌的安全系统，例如安全气囊、ABS、ESP也都是由国外供应商提供的。如果抛开这些国际名牌，很可怜，我们多数的自主品牌轿车从技术上讲均属于严重的‘营养不良’”。

面对业内的嘲弄和讥讽，中国汽车人并不服输。在浙江，被戏称为“汽车疯子”的李书福，20多年来一直在执着地追赶，试图用堂吉诃德式的挑战，改变人们对中国汽车的看法。2010年8月2日，李书福领导的吉利集团完成对沃尔沃汽车的收购，从美国汽车制造商福特汽车手中接过沃尔沃汽车品牌的资产以及100%股权。吉利此次收购沃尔沃的交易，被彭博社称为"中国汽车制造业历史上规模最大的一次海外收购"。据了解，此次双方达成的协议包括对沃尔沃的知识产权的规定。按照这项协议，双方能推行其各自的业务发展战略，并且确立各自知识产权的合理使用权限。如今，作为中国自主品牌汽车制造商，吉利不仅购买了沃尔沃轿车公司，还买下了全球第二大自动变速箱厂商——澳大利亚DSI公司，这家公司为福特、克莱斯勒等汽车品牌提供变速箱。

与全球技术领先的汽车企业携手，是李书福的吉利集团摘掉国产车低质廉价的帽子，从"造老百姓买得起的车"到"造最安全、最环保、最节能的车，让吉利汽车走遍全世界"战略转型的重要一步，沃尔沃品牌与技术无疑会在汽车安全技术和全球品牌知名度上推动吉利跨上新的台阶。

与汽车行业的自主品牌的窘迫局面相比，计算机制造行业的压力来得更早。连续多年领先国内市场的联想集团2003年前后遭遇成长"瓶颈"：国外市场不见成效，国内市场又缺乏成长新动力，国际化成为联想集团突破成长"瓶颈"的期望。对于联想来说，国际化不是简单的产品出口，也不是简单的海外建厂，更不是管理团队中请几个洋人。国际化是企业市场资源的国际化、是企业人力资源的国际化、是企业绩效评估的国际化。国际化是企业投资、研发、采购、生产、销售、管理、服务整个运营系统在全球范围的优化配置，是企业品牌、产品与服务的全球化覆盖与分享。如果国际化不能带来运营成本的下降、市场的扩大、利润的增加、品牌价值的提升，这样的国际化就是自掘坟墓的败家之策。

2004年12月8日，联想集团宣布以12.5亿美元正式收购IBM全球PC业务。通过并购，联想买下IBM的ThinkPad这个笔记本计算机高端品牌，IBM方面允许的品牌使用年限是5年。借助ThinkPad这个顶级品牌的影响力，联想最终的目的是要让全世界知道联想的自主品牌。

为了实现“1+1>2”的目标，联想首先稳住原IBM PC部门的核心管理层、研发和市场团队。为留住原IBM PC业务的客户与员工，联想在并购第一年，不惜牺牲效率和降低成本的速度，结果直接导致净利润率比收购前快速下降了3%。第二年，联想不得不实施了重组与裁员，大幅缩减成本，这才真正开始进入融合阶段。

在并购当年，联想的销售收入为30亿美元，而IBM PC的全球业务销售收入为90亿美元，两者相加为120亿美元。2006年联想的财报显示，新联想的全年销售收入150亿美元，大于两者之前的规模之和，做到了“1+1>2”；2007年财报显示，联想全年销售额上升17%，净利润较上一财年增长201%。2008年，联想以167.8亿美元的规模首次挤入《财富》全球500强企业榜单，成为中国第一家进入世界500强的民营企业。

销售业绩迅速增加，初步整合成功，让联想盲目乐观，掩盖了并购整合中存在的问题。后来的实践证明，在并购的业务整合方面，联想还没有能够完全学到IBM拓展全球市场的能力。

2008年11月，联想交出了自并购IBM PC业务以来最差的一份财报，2008~2009财年第二财季（2008年7~9月）联想的利润只有2330万美元，较上年同期下降了78.1%。2009年2月5日，联想对外公布了自己2008~2009财年第三财季（2008年10~12月）的业绩，净亏损9700万美元。

为了应对颓势，2009年1月8日，联想正式公布了重组计划，其中包括取消亚太区的机构设置，将亚太区与大中华兼俄罗斯区合并为“亚太兼俄罗斯区”，联想同时还宣布，2009年第一季度将裁员2500人，占公司员工总数的11%，并对高管团队降薪30%~50%。2月5日，联想再次宣布高层人事变动，柳传志重新出山，担任集团董事局主席；杨元庆重新担任CEO，威廉·阿梅里奥则离职；在联想供职三年多的罗里·里德担任新设立的总裁兼COO一职。

柳传志复出，重归董事长之位。仅仅9个月后，联想集团季度税前盈利3000万美元。一个销售额上百亿美元的公司，在短短9个月之内完成亏盈逆转。2009财年，联想销售业绩增长42%，超过市场平均17%的增长率，超越所有对手成为增长最快的厂商。一份最新的全球市场数据显示：从2010年第一季度到第二季度，排名前三的惠普、戴尔和宏碁业绩分别下滑了6.3%、1.2%和6.2%，而联想集团的业绩则增长18.6%。

数据显示，联想集团2010~2011财年综合销售额较上一财年增长30%达216亿美元，全年实现税前利润为3.58亿美元，归属于上市公司股东净利润2.73亿美元，为上一财年的两倍以上，联想董事局主席柳传志在业绩发布会上表示：“联想并购IBM个人计算机业务六年后，我们可以自豪地、肯定地说，这次大规模并购是成功了！”

联想发布的财报显示，2010~2011财年联想个人电脑销量同比增幅为28%，大大超过同期整体行业7.4%的增幅。中国无疑是联想最大的市场，2010~2011财年第四季度联想在中国市场的综合销售额为22亿美元，增长12.3%，占集团全球总销售额的45%。

在俄罗斯、印度等新兴市场中，联想取得超过行业平均水平两倍以上的增长。2010~2011财年第四季度，联想新兴市场个人电脑销量同比增长31.5%，综合销售额为8.5亿美元，占集团总销售额的17.4%。联想高层表示，在整个新兴市场联想已经成长为排名第一的厂商。

“2010~2011财年对联想来说成果颇丰”，联想首席执行官杨元庆指出，截至目前，联想已经连续六个季度成为全球增长最快的主流个人电脑厂商，在全球创下了10.2%的历史新高，营业额首次突破200亿美元，达到210亿美元。

联想董事局主席柳传志认为：“最能说明并购成功的是整个领导层非常团结，配合默契、目标坚定，整个企业已经形成很好的文化氛围，在这个基础上，管理层制定的战略能够得到坚定有力的执行。”

Kubi 点评

与沃尔沃、IBM 这些大象级企业相比，吉利、联想还属于兔辈。兔子对大象的吞并既需要大手笔，又需要有好胃口。吉利和联想在这种游戏中表现的信心、勇气和处变不惊的应对与消化能力呈现给我们好莱坞大片式的震撼。柳传志的企业家精神和政治家气魄与其教父身份十分匹配，这是一个需要英雄而且产生英雄的时代。

做大是每一个规模企业的向往和追求，因为大，才能增加抗风险能力；大，才能在相关产业赢得规则话语权和定价影响力；大，才能增加竞争中不战而胜的威慑力。做大有两种路径，一种是靠内部增长长大，另一种是通过并购其他企业实现规模扩张，并减少竞争对手。内增式做大基础更好，但需要的时间更长；并购式扩张存在债务消化和文化融合问题，如果解决得好，增长速度会更快。不管是联想还是吉利，它们在并购中遇到的问题与挑战对大多数有国际化要求的中国企业来说都是很有价值的课题。从企业效益方面考虑，买过来企业能否盈利、多长时间开始盈利比较关键。但放到全球化合作与竞争的台面上，我们应看到不同国度、不同人群、不同文化之间的融合与资源对接才是全球化的实质价值。从这个意义上讲，联想和吉利的跨国并购本身就是积极而健康的企业精神，赢不是根本，共赢才是根本。希望在它们遇到困难时，业内企业及关联专家给予更多的理解与帮助，而不是准备好檄文去讨伐。

产业背景

汽车与计算机①

在 2011 年 7 月召开的月度信息会上，中国汽车工业协会将中国汽车市场年增长预期从 10%调低至 5%。

相比之下，过去几年间，中国汽车市场经历了“井喷”式增长。“井喷”意味着汽车销量连年增长接近 40%——从 2008 年累计销售 934 万辆，到 2009 年实现 1365 万辆销量，再到 2010 年销售 1806 万辆汽车。

这也意味着，2009 年汽车销量同比增幅高达 46.2%，2010 年同比增幅也达到 32.4%，连续两年的汽车净增量都超过了 400 多万辆。仅是 400 万辆这一增量数字，已经相当于中国汽车在“入世”之前的 2000 年 208 万辆年销量的近两倍。

如今，中国虽然仍保持世界汽车生产与销售的大国地位，但 5%的增长底线已经成为汽车业不得不面对的一道难以逾越的鸿沟。继 2010 年“购置税减免”、“汽车下乡”以及“以旧换新”三项促进汽车消费的财政补贴政策相继退出后，私人汽车消费进入了缓慢增长和持币待购的阶段。

全国乘用车联席会据此分析称，汽车市场的滑坡将持续到明年一季度甚至更长时间。

但我们同时看到，目前中国年收入超过 6 万元的城市家庭仅约 60%拥有一辆汽车，若从这个角度来说，后续的增长空间似乎也是可以预见的。国家信息中心信息部主任徐长明就表示，从长远看，中国的汽车市场至少还将持续 10 年以上的快速增长，增长率大致相当于 GDP 增长率的 1.5 倍。

---

① 资料来源：中国行业研究网、中商情报网。

“十一五”期间，计算机产业保持了较快的增长速率，年均增速 12.4%。2009 年，我国电子计算机制造业实现销售产值 1.69 万亿元，占全行业总收入的 32.9%；生产微型计算机 1.82 亿台，同比增长 33.3%，其中笔记本电脑 1.51 亿台，同比增长 38.2%；完成出口交货值 1683 亿美元，增长 47.5%，成为拉动信息产业平稳增长的主要动力。笔记本电脑、液晶显示器等高端产品所占比重不断提高，超过 80%，产业结构调整取得明显成效，如图 10–1 所示。

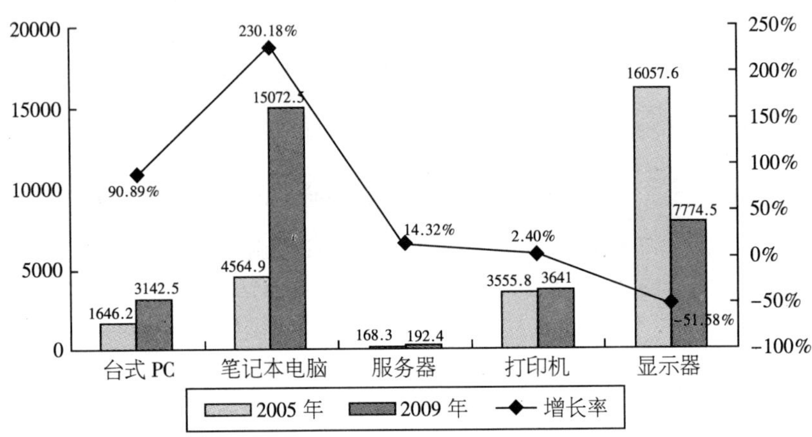

图 10–1 “十五”末和“十一五”末中国主要计算机及外设产品产量对比

资料来源：赛迪顾问。

中国已成为全球计算机产品的生产基地，主要产品产量位居世界第一，产量较“十五”期间大幅提升，计算机产品的产量占全球产量的 60%，液晶显示器占全球产量的 75%。中国已成为全球平板显示下游终端产品主要制造基地，尤其是包括显示器在内的 IT 制造业正加速从韩国、中国台湾地区向中国大陆转移。

当前，信息技术对国民经济的发展有着举足轻重的作用，信息化已经成为一个国家经济发展跟上全球潮流的迫切需要和必要保证，计算机是信息化的基础，计算机产业已成为我国电子信息产业的骨干产业，在国民经济发展和国防建设的各个领域发挥着重要作用。

“十一五”期间，我国计算机产业链逐步完善，配套能力增强，已形成长三角、珠三角、环渤海地区产业制造集群，江苏、上海、广东三省成为我国微型计算机主要生产地，占全国总产量近90%。随着西部大开发的深入，中西部地区的人才优势、交通条件、配套环境等逐步提高，加上成本优势，内地计算机制造业得到了快速发展，川渝地区正在逐渐形成规模。

对照案例——TCL收购阿尔卡特手机：艰难的磨合与痛苦的消化①

与吉利和联想的国际并购案相比，TCL的并购则曲折而又悲壮。2002年，TCL首先收购了具有113年历史的德国施奈德家电生产厂，2004年李东生踌躇满志地收购了大名鼎鼎的汤姆逊，扭亏过程艰难而漫长；2004年4月，TCL通信出资5500万欧元与阿尔卡特成立TCL & Alcatel Mobile Phone Limited手机合资公司，TCL持有55%股份。结果更是尴尬，合资公司一度处于混乱和失控状态，后来TCL只好咬咬牙，将阿尔卡特手机业务全盘收购，结果仍旧是亏损。2005年5月，TCL以换股的形式，收购了阿尔卡特持有的45%股份，将T&A合资公司变成了旗下全资子公司。经过这番折腾后，TCL名义上完全控制了阿尔卡特手机业务。

李东生后来总结并购失败的主要原因时，认为对欧美市场了解不够，没有丰富的成功跨国收购经验，而TCL又没有请咨询公司来帮忙，轻率地自行制订了收购方案，结果T&A合资公司出现了严重的文化冲突和体制冲突。首先是文化观念上的冲突，阿尔卡特强调人性化管理，员工在一种宽松而备受尊敬的环境中工作，而TCL的管理方式近乎军事化，简单而粗糙，让原阿尔卡特员工无

① 资料来源：中国行业研究网、中商情报网。

法适应。其次是薪酬体系的差异，原阿尔卡特采用稳定的薪酬，而TCL采用较低的工资加较高的提成。TCL同意对阿尔卡特员工采用原来的薪酬标准，结果又打击了中国员工的士气，两头不讨好。再次是销售体系的差异，阿尔卡特主要是通过经销商的渠道销售，销售人员要求素质高；而TCL实行终端销售，大量销售人员深入终端，人员素质也参差不齐。结果原阿尔卡特的管理、技术和销售层人才纷纷离职，以致公司处于混乱和失控状态。"省了小成本却花了大价钱，这是TCL国际化的一个教训"。(李东生语)

经过5年多的消化与磨合，2010年上半年，TCL通信（02618.HK）销售量飙升181%至1420万部，其中海外市场比2009年同期大幅增长226%至1290万部。2010年1月成为TCL通信新主帅的郭爱平日前在接受《第一财经日报》等媒体采访时表示：TCL通信走国际化道路的核心竞争力，源自于收购和重组阿尔卡特得来的人才和支持。

2011年2月25日，TCL集团发布2010年年报，报告期内，公司实现营业收入518.70亿元，其中销售收入502.53亿元，同比增长17.09%；实现净利润4.33亿元，实现经营性现金净流入7.96亿元。从营业规模指标看，这是TCL从2004年并购之后连续两年实现增长，特别是通信业务，实现销售量、销售额以及利润指标的同步大幅度增长，可以认为TCL收购阿尔卡特手机业务之后，经过几年的整合调整取得全面成功。

清华大学教授秦合舫认为："从并购企业的演化规律来看，一般都要经历内部人事整合和外部业务整合两个关口，在业绩表现上也会因此出现多次起伏，这一点，无论是差不多同时实施并购的联想，还是TCL内部的两个并购案例都不例外，2010年TCL通信基本上已经彻底从并购的旋涡中走出，走上了健康发展的道路。"

李东生在《鹰的重生》一文中写下了这样一段话：

"鹰为了活到70岁，在40岁逐渐衰老时首先用它的喙击打岩石，直到其完全脱落，然后静静地等待新的喙长出来。再用新长出的喙，把爪子上老化的趾甲一根一根拔掉，鲜血一滴滴洒落。当新的趾甲长出来后，鹰再用新的趾甲把身上的羽毛一根一根拔掉。5个月后，新的羽毛长出来了，鹰开始飞翔，再度过以后的30年岁月！”

名词解释：

图腾：（totem）是原始人群体的亲属、祖先、保护神的标志和象征，是人类历史上最早的一种文化现象。社会生产力的低下和原始民族对自然的无知是图腾产生的基础。运用图腾解释神话、古典记载及民俗民风，往往可获得举一反三之功。图腾就是原始人迷信某种动物或自然物同氏族有血缘关系，因而用来做本氏族的徽号或标志。

“图腾”一词来源于印第安语“totem”，意思为“它的亲属”、“它的标记”。在原始人信仰中，认为本氏族人都源于某种特定的物种，大多数情况下，被认为与某种动物具有亲缘关系，于是图腾信仰便与祖先崇拜发生了关系，在许多图腾神话中，认为自己的祖先就来源于某种动物或植物，或是与某种动物或植物发生过亲缘关系，于是某种动植物便成了这个民族最古老的祖先。

“totem”的第二个意思是“标志”。就是说它还要起到某种标志作用。图腾标志在原始社会中起着重要的作用，它是最早的社会组织标志和象征。它具有团结群体、密切血缘关系、维系社会组织和互相区别的职能。同时通过图腾标志，得到图腾的认同，受到图腾的保护。图腾标志最典型的就是图腾柱，在印第安人的村落中，多立有图腾柱，在中国东南沿海考古中，也发现有鸟图腾柱。浙江绍兴出土一战国时古越人铜质房屋模型，屋顶立一图腾柱，柱顶塑一大尾鸠。故宫索伦杆顶立一神鸟，古代朝鲜族每一村落村口都立一鸟杆，这都是图腾柱演变而来的。

第十一章　百度的“竞价推广”与腾讯的“无本沟通”

世上都说兔子好，敢与子弹比赛跑；

世上都说兔子好，身轻如燕借风飘。

第一节　快就是生命

兔子生来以草根为食，随时还会受到食肉动物的追逐、威胁，因此无论是抢食还是逃生都需要超强的奔跑速度。研究发现，羚羊兔和欧洲野兔的最快速度可达每小时 72 公里，草原兔和穴兔的速度达 56 公里/小时，是速度最快的食草动物之一。草原兔和穴兔速度仅次于野驴和马，与食肉动物相比，速度接近每小时 58 公里的雄狮和每小时 64 公里的狗。而羚羊兔和欧洲野兔速度最快时连狮子和狗都望尘莫及。因为速度快过大部分食草动物，所以兔子很少因抢不到食物而饿死。

第二节　网络为企业提速

2011年7月19日，中国互联网络信息中心（CNNIC）在北京发布了《第28次中国互联网络发展状况统计报告》（以下简称《报告》）。

《报告》显示，截至2011年6月，中国网民规模达到4.85亿，较2010年底增加2770万人；互联网普及率攀升至36.2%，较2010年提高1.9个百分点。我国手机网民规模为3.18亿，较2010年底增加了1494万人。手机网民在总体网民中的比例达65.5%，成为中国网民的重要组成部分。

我国网民总数持续攀升，但是增长速度明显减缓。《报告》显示，2011年上半年我国网民数量增加了2770万人，增幅仅为6.1%，增长的绝对数量小于去年同期的3600万（2010年上半年）。从2010年开始，网民增长率就进入慢行通道，当前表现出更为明显的减缓态势。

当前，微博作为新兴的自媒体平台，受到网民的强烈推崇，用户数呈现出爆发式增长。《报告》显示，2011年上半年，我国微博用户数量从6311万人快速增长到1.95亿人，半年增幅高达208.9%，在网民中的使用率从13.8%提升到40.2%。需要指出的是，在微博用户暴涨过程中，手机微博的表现可圈可点，手机网民使用微博的比例从2010年末的15.5%上升至34%。

与微博大爆发不同，商务类应用在经历了2009~2010年的快速增长后，迎来了相对平缓的发展期。《报告》显示，大部分商务类应用保持平稳上升态势，如网络购物半年用户增长了7.6%；网上银行和网上支付的用户使用率也小幅上升。商务类应用中，团购应用成为亮点，使用率从4.1%提升到8.7%，增幅达到125%，发展势头迅猛。

此外，《报告》显示，娱乐类应用热度继续回落，网络游戏和网络音乐的使用率较2010年底分别下降2.3个和0.5个百分点，网络视频使用率继续保持62.1%的水平。

根据iResearch艾瑞咨询推出的《2010~2011年中国网络经济市场研究报告》统计，2010年中国网络经济市场规模将达到1513.2亿元，同比2009年增长53.9%。

2010年，中国移动互联网用户达3.03亿人；2010年，中国3G用户规模达4300万人；2010年，中国手机应用下载量达8.63亿次。2010年电子商务市场份额达到33.5%，超过网络游戏成为第一大细分市场，电子商务经历过去3年爆发式的增长，终于显现了巨大的市场威力。

互联网的迅速普及无疑为实体经济的提速与商业模式创新提供了便利和方向。越来越多的企业已经充分认识到，在以计算机、通信、网络为代表的信息产业快速发展的时代，实现电子商务是企业能够在愈演愈烈的全球化市场竞争中得以生存、发展的必由之路。电子商务不仅对于传统企业的管理，如计划、组织和控制产生了影响，而且对于企业的研究开发、采购、生产、加工、制造、存储、销售以及客户服务也产生了巨大的影响。

电子商务是指实现在从售前服务到售后支持的整个商务或贸易活动环节的电子化、自动化。对于企业来说，电子商务是利用以Internet为核心的信息技术进行商务活动和企业资源管理，它的核心是高效地管理企业的所有信息，帮助企业创建一条畅通于客户、企业内部和供货商之间的信息流，并通过高效率的管理、增值和应用，把客户、企业、供应商连接在一起，以最快的速度、最低的成本响应市场，及时把握商机，不断提高和巩固竞争优势。电子商务减少了经济活动的中间层，缩短了相互作用和影响的时间滞差，加快了经济主体对市场的反应能力，使信息传递效率明显提高，市场竞争力随之显著提高。

在传统的塔式企业组织结构中，中层管理者起着上情下达、下情上呈的重要作用，而现在承担这一角色的却是企业网络，这就为企业组织结构多元化发展创造了条件。电子网络手段将取代传统的采购、信息收集、传递、寻盘、购盘、还盘、磋商、谈判等，从而使从事这部分职能的组织结构将不复存在。反之，电子货币及网上结算的逐步实现和物流运输的迅速、准确，将使商务过程更简便、更快速地完成，并可跨越时空的限制。

第三节　百度的“竞价排名”和腾讯的“无本沟通”

中关村是北京的高科技中心，它被誉为“中国的硅谷”。由于毗邻中国最著名的两座大学——清华大学与北京大学，很多的西方分析家对中关村的前景很乐观。其很重要的原因就是斯坦福大学在最初硅谷的发展中扮演了相似的角色，很多电脑用户在这里购买他们的高科技用品。

中关村科技园区覆盖了北京市科技、智力、人才和信息资源最密集的区域，园区内有清华大学、北京大学、中国人民大学等高等院校 39 所，在校大学生约 40 万人，以中国科学院为代表的各级各类的科研机构 213 家，其中国家工程中心 41 个，重点实验室 42 个，国家级企业技术中心 10 家。目前，园区内有各类高新技术企业万余家，其中有联想、方正等国内知名的公司，还有诺基亚、惠普、IBM、微软为代表的 1600 余家外资企业，跨国公司在园区设立的分支机构已达到 112 家，其中包括研发机构 41 家。在过去的十几年里，中关村科技园区经济发展始终保持 30%的增长速度。目前，园区拥有高新技术企业超过 14000

家，新诞生高新技术企业4268家。近几年来，留学人员创业企业累计达到2500多家，从业留学人员近6000人。

2000年1月，李彦宏选择中关村作为百度创业的起点，显然看中了园区的智力资源。百度是什么？百度是网上搜索的代名词，百度是免费的百科全书，百度是可以花钱快速搞定知名度的工具，百度是专有技术造富的标杆，百度是信息封锁和垄断行为的杀手，百度改变了中国人的生活方式。谁也甭问，我们"百度一下"。从来没有任何技术像百度一样能在这么短的时间内改变人的生活方式，从来没有任何技术像百度一样让技术所有人如此得心应手地控制产业话语权，从来没有任何技术像百度一样在如此大的范围内实现经验、知识与资讯的共享。百度所产生的魅力、魔力与威力恐怕连李彦宏自己都不曾想到。正式公布的财务报告显示，百度2010年全年营业收入为79.15亿元人民币，比2009年增长78.0%，2010年全年营业利润约为39.59亿元，比2009年增长146.7%。

李彦宏刚着手创办百度的时候，国内有"搜索客"、"悠游"等为数不多的专业搜索引擎公司。同时，一些门户网站（如搜狐等）也开展自己的搜索引擎业务。专业的搜索引擎公司着重于向公司销售搜索引擎软件以及系统，而门户网站则把提供免费搜索引擎服务当作提高访问量的一招。

百度与它们不同的是，它回答了这些公司不能很好解决的如何"用搜索引擎赚到钱"的问题。李彦宏搬来了在美国成功的经营模式，即和门户网站开始合作，百度按照网站的访问量分成，形成共赢局面。这样的付费模式很快受到各大门户网站的欢迎。2000年5月，百度找到了自己的第一个客户，一家名叫硅谷动力的网站。在2000年6月的互联网寒冬里，百度一举拿下新浪、搜狐、网易、TOM的技术委托大单，并且仅又用了2年的时间拿下了80%的中文搜索引擎市场。

技术很重要，能卖钱的技术更重要，如果脱离了商业价值，技术开发就成了义工和慈善行为。百度生来就带着商业嗅觉和赚钱天赋，因此，显得与众不同。技术人员缺乏市场化意识是中国科技领域的通病，计划经济时代造就了许多“只问耕耘，不问收获”的技术劳模，研发人员将更多的精力倾注在申请政府项目研究基金，通过研究论文博大奖，升职称上，不大关注技术的应用性和盈利模式，科研成果很少用商业数据评估。因此，创造了好多有学术价值但缺少盈利突破口的技术半成品。百度的成功起步得益于简单、无须论证且不容置疑的技术，得益于开放的政策与资本市场、得益于百度开放的企业文化。

走对了方向的企业已经成功了一半，但发展道路上的选择与坚持更为重要。2001 年年初，百度已经基本垄断了国内门户网站的搜索引擎，但看不到公司新年度的增长点在哪里。此时，李彦宏又想到了搜索引擎盈利模式——公司竞价排名，即搜索引擎公司收取企业费用，使其在可能的搜索页面上优先排序，以帮助企业的潜在客户直接指向企业网站进行访问，从而提高赢得新客户的可能性。

竞价排名是一个备受争议的商业模式，对于企业而言，重要的不是多少人认同，而是多少人用钱为你投票。李彦宏与他的百度公司就是在争议不断的商业模式中找到了生存与发展依托。迄今为止，在百度的竞争对手“Google”眼中，竞价排名仍然有“作恶”的嫌疑，属于 Google 企业文化中不兼容的成分。李彦宏选择竞价排名作为主打服务，着实有着客户认同和道德底线两方面的考验。

实际上，早在李彦宏回国创业的时候，就对此发展模式前景看好。现在再次提出，阻碍并不在于模式，而在于他希望此次公司彻底转型：由技术提供商转变为一家直接面对终端网民的搜索引擎网站。好处在于，不会对门户网站产生更大的依赖，坏处则是百度将和最大客户发生竞争关系。当时门户网站已经占到公司收入的 50%~60%，这对公司是极大的冒险。这样的方案，李彦宏几乎没有支持者。报告交给董事会以后，一片反对意见。但方案还是通过了，因为李彦宏的坚持打动了大多数董事。

企业决策是一个充满不确定性的行为，多数人举手赞成的事很多情况下是一种利益一致，并不表明正确无误。因此在关乎企业前景的技术方向选择上，技术专家的权威性应该超越利益的平衡与趋同。李彦宏的自信来自对核心技术的熟悉和对商业模式的前景判断。不管是搜索引擎还是竞价排名技术上已经成熟，商业模式上已经在美国经过实践。李彦宏在董事会上的孤独无援并非源于技术质疑，而是大家对改变企业主导盈利模式，改变客户使用习惯的不自信。

事实证明，李彦宏是正确的，百度的总营业收入从1420万美元上升到超过5000万美元，竞价排名成为百度主要的"敛财"工具，大批中小企业挥舞着钞票要在百度搜索上露一小脸儿。

2001年9月，李彦宏又引进了DFG（德丰杰）与IDG两家风险基金，艰难地赢得了1000万美元。2003年年初，百度实现了税前盈利，第二季度全面盈利。随着2005年8月5日百度的IPO，首日股价上涨353.85%，接下来11个季度收入翻倍。按照当天的股价计算，百度公司创始人与CEO李彦宏的身价已超过9亿美元，百度亦成为美国最近五年表现最为强劲的新股，甚至成为美国历史上上市当日收益最多的十大股票之一。

在结束对百度的访问后，Kubi落脚神州的南端城市深圳。这是一块充满梦幻与奇迹的热土，30年前的一个无名渔村，经过两代人的努力跃然成为人口超千万、经济比重为一流的国际化大型都市。Kubi来到这里，不仅是想目睹城市的巨变，更重要的是追寻这个城市中领跑者的步伐。在众多的领跑英雄行列中，有一个似闪电一样骇人心魂的名字——马化腾。

2010年1月5日，马化腾领导下的腾讯公司市值超过400亿美元。而在此4个月前，它就已经不仅是中国最大的互联网企业，更是全球第三大互联网公司。继超越雅虎和eBay之后，在它前面只剩下了谷歌和亚马逊。2010年第二季度及半年业绩报告数据显示腾讯第二季度总收入46.692亿元（6.876亿美元），比 2009 年同期增长 62.2%；净利润为 19.165 亿元（2.822 亿美元），比 2009 年同期增长 60.7%。互联网增值服务收入为人民币 69.694 亿元（10.263 亿美元），比 2009 年同期增长 71.6%。移动及电信增值服务收入为人民币 12.924 亿元（1.903 亿美元），比 2009 年同期增长 42.1%。网络广告业务收入为人民币 6.019 亿元（8860 万美元），比上年同期增长 54.5%。

如果要比较中国哪个领域与发达国家的差距最小，答案是互联网；哪个企业中国技术进步最快，答案是中国腾讯。11 年来，腾讯的成长令人眩晕。从最初的即时通信软件到门户网站，从小游戏平台到网络游戏再到社区游戏，从聊天室、空间、邮箱到相册、音乐、视频，从移动 QQ 到手机游戏、音乐分享平台，从拍拍、财付通到返利再到团购，这只企鹅几乎涉足了所有互联网服务领域，并大部分获得成功，以至于被称为“全网公敌”。因为外部许多人觉得腾讯有一种无比可怕的能力——在这只企鹅眼中，世界是平的！门槛和壁垒？那只是构建者自己的幻觉。

马化腾在他的博客里说，互联网的实质就是降低沟通和交易成本，改进沟通和交易便利。鸡犬之声相闻，而老死不相往来，曾经是中国数千年封建文化的写照。压迫性的单向灌输和教化方式统治了中国灿烂的文明史。缺乏平等开放的语言表达与沟通，缺乏信息对等的交易条件与环境，费用高昂的通信与交易费用曾经让多少人丧失沟通与交易意愿和机会，或者被误导和欺诈。如果互联网对美国人来说是提高了沟通与交易效率，那么，对中国人而言，却有着更深层次的意义。因为互联网打通了信息隔墙，让中国人真正获得了自由表达、沟通、知情、监督、资讯、交易的机会、工具和平台，这是一种技术上的便利，但更是一种权利的升级。

长期以来，通信成为中国人生活与生意中很高的一块成本，人们被迫学会用最简练、最省钱的方式沟通，或者干脆不去沟通，身在国外的人要计算时差，算计夜间优惠计费标准与家人通话，同样是为了节省费用。20世纪80年代中期，一位身在国外的水利工程师写信告诉老婆不要回信，省下钱多买一斤肉以改善生活。新中国成立后，中国人很快就被宪法赋予了言论自由的权利，但真正让这种权利变成现实和福利的是互联网技术，是邮箱、是论坛、是博客、是微博和即时通，是QQ这样的沟通工具和平台。马化腾和马云都在倡导要做互联网领域的水、电、煤，实际上到现在为止，互联网已经是负氧含量很高的新鲜空气。20世纪90年代寻呼机流行的时候，大家道别时会说：有事call我。现在大家会像交换名片一样互换QQ号，然后说：记着加我啊！

同时在线人数突破1亿人，拥有5.686亿活跃用户，全球最大的IM软件……作为一款国人自主研发的客户端软件，腾讯QQ这12年间创造着一个又一个奇迹。而作为腾讯“舰群”中居于核心的“航空母舰”，它更是滋生出腾讯整个产品矩阵之母。除了是最近距离的用户接触点之外，它更是一个互联网沟通的重要管道，在成功让大多数中国网民建立和维系关系的同时，也牢牢把这些网民黏在了这个平台上。然后，各种各样的客户端不断地重构、扩大，为数众多的产品图标在QQ上被“点亮”，腾讯几乎最大限度地充分发挥了QQ的价值。

写到腾讯案例时，Kubi曾与一位十三岁的中学女生Amy对话

问：如果QQ没了，你会选择什么？

她随口回答：什么也不选。

为什么呢？我问。

因为其他任何一种方式都代替不了QQ。女孩回答。

真的是这样吗？比如MSN、hi、百度？

女孩回答：我都试过，我不习惯改变，况且换个地方我担心找不到我的圈子。

对话的女孩是个有八年网龄的中学生，不到六岁的时候，她就有了自己的博客，尽管已经在为残酷的中考发力，她仍然无法想象没有QQ的生活。

这就是腾讯，如果说“60后”、“70后”借助QQ工作，那么，从“80后”、“90后”开始，QQ就是生活的一部分，他们在QQ上秀自己、找朋友、解难题、玩开心、学知识、长能耐。

腾讯之可怕，不仅仅在于有QQ这样一个几乎等于中国互联网基础设施的工具，也不仅仅在于它可以把这个工具上的数亿用户轻易导向某一个新的应用，还在于它一直是一个典型的产品型企业。这个真正能做出好产品并运营的企业，加上要多少流量就有多少流量的能力，让大多数习惯依靠领先概念和紧凑资本运作节奏为竞争力的中国互联网企业无比恐惧。目前，腾讯的主要盈利分为三部分：即互联网增值服务、移动及通信增值服务和网络广告。“移动梦网”计划激活了QQ在无线SP市场的商业潜力，以腾讯目前注册用户3.5亿个QQ用户的数量而言，构成腾讯营业收入的主要来源。移动及通信增值服务内容具体包括：移动聊天、移动游戏、移动语音聊天、手机图片铃声下载等。当用户下载或订阅短信、彩信等产品时，通过电信运营商的平台付费，电信运营商收到费用之后再与SP分成结算。

腾讯互联网增值服务的内容包括会员服务、社区服务、游戏娱乐服务三大类，具体业务包括电子邮箱、娱乐及资讯内容服务、聊天室、交友服务、休闲游戏及大型多用户在线游戏等。

公司另一部分收入主要是来自网络广告部分，主要是通过在即时通信的客户端软件及在qq.com的门户网站的广告栏内提供网络广告盈利。本部分的收入仅占总收入的3%~4%的水平，虽然发展缓慢，但收益稳定而且很有发展空间！同时，腾讯还把QQ的品牌“租赁”给了一家玩具企业，生产QQ小玩具，胖乎乎的小企鹅可在全国各个网吧购买。每年，腾讯为此还会获得一笔固定收益。

在接受《商业价值》杂志采访时，腾讯毫不讳言自己的目标是基于企业QQ，打造一站式企业互动平台。所谓企业QQ，是腾讯根据自身资源与经验，推出的企业在线客服与营销解决方案。这个方案涵盖了在线主动营销、信息发布、客户关系管理等企业级应用，其中最关键的一点，在于将QQ号变成了企业连接用户的平台。自此往上，多个人员可连接此号码进行服务；往下，用户只需要在QQ中加入企业的号码，即可在线进行互动。很显然，在QQ已经拥有超过5.68亿活跃用户之后，如同开展很多其他业务一样，用户成为腾讯拓展企业级市场最大的倚仗。

Kubi点评

互联网带来了什么？互联网缩短了人与人之间的时间与空间距离，互联网改变了资本与知识的关系，互联网正在改变人们的生活、沟通、教育与交易方式。关于速度的公式应该改写，如果方向不对，道路不对，单位时间跑出的距离可能是零或负数。这样的速度就是一种空耗甚至负消耗。因此，追求速度的企业前提是选对方向和道路。我们有不少企业用跑百米的速度去参加马拉松，所以，出发的时间领先，或者某一段时间或路程领先，最终撞线的时候竟不见身影了。为什么呢？方法不对，或者底蕴不足。百度和腾讯之所以以最快的速度在业内胜出，并在中国市场成功跃居行业翘楚，就是因为它们奉行的是方向对头、技术领先、商业模式广受追捧的速度。

对照案例——瀛海威：网路上的迷失者①

1996年早春的一天，北京中关村出现了一块硕大的广告牌：中国人离信息高速公路有多远——向北1500米。这一天被认为是中国网络产业的一个纪念

① 资料来源：吴萍. 瀛海威：Internet先烈. 计算机世界，1998（26）。

日。33岁的东北女子张树新扛起了北京瀛海威信息通信公司的招牌。

初创时的瀛海威基本上是“美国在线”早期模式的翻版。“进入瀛海威时空，你可以阅读电子报纸，到网络咖啡屋同不见面的朋友交谈，到网络论坛中畅所欲言，还可以随时到国际网络上漫步……”张树新很快让瀛海威获得了惊人的知名度，她在北京魏公村创办了中国首家民营科教馆，所有人都可以在这里免费使用瀛海威网络，免费学习网络知识，她还开发出了一套全中文多媒体网络系统，以低廉的价格为中国老百姓提供了一扇进入信息高速公路的大门。

具备常识的人都知道：高速公路需要大量的建设资金和长时间的资本回收期，实体高速通过贷款建设、几十年的过路费收取回本然后赢取利润。瀛海威并不具备网络运营商的资质因此不可能通过收取网络费盈利，那么，能不能通过网络信息内容或网络广告盈利呢？在当时的背景下，传统出版物的版权都得不到保护，互联网企业靠内容盈利更不可取，至于网络广告由于网民基数太小还不足以吸引广告商投资。对瀛海威而言，要紧的不是找到投资，而是找到赖以生存的商业模式。遗憾的是，在商业模式形成之前，瀛海威就撞上了“意外之财”。

1996年上半年，瀛海威在电信领域的知名度越来越高，这引起了中国兴发集团的注意。兴发集团是一家以中国为基地的综合性投资控股集团，于1993年经中国国务院批准成立，属国有企业。该集团以金融业务为核心，选择行业前景乐观及潜力优厚的项目进行策略性投资；目前它所涉足的业务遍及金融、运输网络、信息基础设施、工贸、房地产发展、投资、旅游及消闲和文教资讯等，截至1997年，该集团资产总值已逾50亿元人民币。国内外电信市场的迅猛发展，使兴发集团看到了信息技术领域潜在的巨大市场。于是该集团把投资于瀛海威公司作为发展信息产业战略性的第一步，同时也想利用瀛海威现有的技术条件，来帮助自己实现办公电子化以及在贸易方面的无纸化运作，从而与西方发达国家的普遍做法接轨，甚至想实现一个很实际的想法，即使员工能收发电子邮件或上网，加强与外面的联系。

由于瀛海威缺少的是网络基础设施建设的资金，兴发集团投入的资金迎合了瀛海威发展网络技术和信息、扩大用户的需求。通过谈判，兴发集团和瀛海威在认识上达成一致，兴发集团同意瀛海威的发展计划，并愿意投入资金用于网络基础设施的建设，同时瀛海威也同意纳入到兴发的发展规划中。

1996 年 10 月，瀛海威科技有限责任公司更名为瀛海威信息通信有限责任公司，同时通过增资扩股变更原有产权。新成立的瀛海威科技信息通信有限责任公司注册资本 8000 万元，新增资本 7300 万元。三家新股东加入到此行列中：中国通信建设总公司、中国兴发集团公司、中国人民建设银行北京信托投资公司，其中兴发占大股，余下的 26.5%归原瀛海威科技有限责任公司的两个股东——张树新和她的先生姜作贤所有，这样计算的根据是原瀛海威科技有限责任公司注册资本 700 万元与其拥有的无形资产（指的是“瀛海威科技有限责任公司”所拥有的“World Group”软件中文版权和优惠合同权益）1420 万元，共计 2120 万元而得到的。张树新经董事会授权担任总经理，负责企业的经营和管理。总部设在北京海淀区复兴路 15 号。

兴发集团在选择其他投资者时做了充分的考虑，把中国通信建设总公司和中国建设银行北京信托投资公司纳入其中。而中国通信建设总公司所认购的 600 万股是以无形资产计算折股的，其实这 600 万股最后是由兴发集团实际投入的。兴发集团选择中通建加盟，看重的是它的政府背景。这一点在瀛海威信息通信有限责任公司申请成立的合同书里可以看出来，中通的责任是“使公司获得在国内从事经营电信增值业务所需要的行业许可及批准手续，并协调公司同邮电部等有关政府部门的关系；协调公司同各地电信部门的关系，根据公司发展需要及时为公司解决经营中所需的通信线路等基础设施的申办问题”。另一个股东——中国建设银行北京信托投资公司，以现金投入500万元占6.25%，而它和兴发集团的关系是，中兴发是它的最大股东。所以，在新公司的注册资金8000万元中，兴发集团实投5700多万元，差不多占总投资的66%，成为占绝对地位的持股者，梁冶萍也因此当上了瀛海威信息通信有限责任公司的董事长。

不过，创业者和投资者在瀛海威未来的发展问题上还存在分歧。张树新认为，瀛海威的前景应该从长远来着眼，不应该急功近利。而兴发集团认为，瀛海威应该转变经营模式，尽快盈利。资金的投入使瀛海威快速发展，进行了139个国际商标注册。

注意：合资不是过家家，不管是投资方还是被投资方，合作的前提必须是有经过验证的盈利模式。中兴发和张树新都沉浸在对未来的憧憬中，而忽视了商业合作的基本逻辑。另外，由于缺乏成熟或相对成熟的资本退出通道，张树新失去控股权以后并没有做好可能退出企业的物质和心理准备。

1997年新年伊始，瀛海威信息通信有限责任公司在北京发布消息，与美国微软公司就发展瀛海威时空已经达成战略联盟，并成为全球第二个采用微软商用Internet系统（MCIS）的Internet在线服务公司。基于MCIS系统平台，瀛海威自行开发了一套功能强大的Internet计费系统，能同时为用户提供接入层和信息层的认证、授权和计费，以及商用Internet系统（MCIS）的Internet在线服务公司。1997年12月基于MCIS系统平台的瀛海威时空计费系统正式启用，真正地实现了全网用户自动漫游。

然而，技术上的先进，并不能保证丰厚的回报。1997年，中国电信投资100亿元开通163网、169网，并且实行免费入网，这对瀛海威是个巨大的打击。当时一条中继线，瀛海威要向中国电信交3000元，仅租用线路的费用就占经营成本的80%，每小时达90元以上，与从用户那里收到的费用相当，故而收益率是负数。与此相对照，租线费用在美国网络服务商中仅占成本的5.6%，中国电信设施的现状，严重制约着瀛海威的发展。同时，张树新的品牌经营理念也使她承担了许多不必要的财政负担。瀛海威的8个分公司开支颇大。以上海为例，1年的房租就是90多万元。因为是做品牌经营，所以要选择闹市，装修豪华，以显示自己的实力。但是在1997年，中国的网络市场没有这么大，投入和产出完全不成比例。瀛海威每月的广告收入为5万~10万元，他们的投入原本大于这个数，仅每天的新闻更新就是一件费时费力的事。

瀛海威在全国相继建立了8家分公司后，网络铺得很大，网员却相对较少，造成经营上的很大困难。1997年，投入瀛海威的股本金、银行贷款和股东增加贷款总共1.6亿元，按照预期的投入产出，其目标收入应当是1.1亿元，最低估计也应该是9000万元，然而实际收入只有963万元，花在广告宣传方面的费用却是3000万元。瀛海威从1997年6月开始出现金融危机征兆，面临着投资回收循环的重重矛盾。

由于短期盈利无望，兴发集团面临着艰难的选择：或者让瀛海威转变经营模式，开发更有盈利能力的商业网；或者通过与其他实力公司合资和未来上市，寻求脱手和盈利的机会。

兴发集团首先选择了当时最为可行的道路，即利用自身的力量来帮助瀛海威开创盈利的空间。兴发以集团的名义和瀛海威信息通信有限责任公司合资成立了一个瀛海威商业开发公司，注册资金1000万元，兴发集团占股85%，瀛海威以无形资产占股15%，实际的1000万元资金也由兴发集团承担。这个商业开发公司的目的是利用兴发集团现有的资源，比如控股公司中的教育系统、文化系统，以及和政府的良好关系，来开发中小学教师网、律师网、司机网和商业网等项目。但这些做法并不能扭转瀛海威当时的经营状况，在瀛海威的财务计划上，数目巨大的负现金流依然难以改变。

当时，在中国瀛海威被称为仅次于中国电信的第二大网络服务公司，客户接近3万多，在8个城市设立了自己的据点，它们是哈尔滨、沈阳、西安、北京、上海、福州、广州和深圳。瀛海威的发展战略是建设一个“架构环太平洋”的中文网络系统，这8个城市的选择是这一战略设想的起点。其网络辉煌的前景无疑是诱人的。在张树新等所规划的可预见的10年内，瀛海威展示了一个极为广阔的市场。但进一步的发展必须有足够的资金支持，这意味着瀛海威必须得到第二轮的风险投资。

1997年4月，曾经有外国风险投资基金想花5000万美元买瀛海威10%的股份，但由于国家政策规定，不许外商直接投资中国网络业，张树新等人只能望资兴叹。

1997年10月21日，香港中策集团持有75%股权的香港星光电信旗下的星光国际网络公司和瀛海威签订了一项协议，在北京合组一家名为“星光瀛海威计算机互联网络建设有限公司”的国际计算机网络服务公司。港方将负责网络建设，中方则负责营运，盈利主要来自技术支持及服务费，并预测在1998年开始盈利。新组成的公司由港方占9成股权，总投资额2500万美元，注册资本1000万美元。签署合同的双方法定代表人，港方是黄鸿年，中方是中国兴发集团总裁梁冶萍，分别代表香港星光国际网络（中国）有限公司和瀛海威信息通信有限责任公司。因此，和香港中策集团的合资，事实上主要是由兴发集团而非瀛海威来控制和操作的。

在合同章程里，组建的星光瀛海威计算机互联网络建设有限公司，合资期限是50年。业务范围界定为“从事通信工程业务和中国全国性计算机互联网络咨询服务的合资经营公司”。其计划的运作方式是，由瀛海威信息通信有限责任公司来租用建设公司所提供的基础设施，这样建设公司就可以获得一部分租用费收益。双方还签了一份协议，规定在前期投入时，由港方把瀛海威原有的负债全部补上，并由他们出建设费用，根据合同，瀛海威信息通信有限责任公司需要把将来经营利润的90%给合资网络建设公司。条件虽然有些苛刻，但不管怎么样，瀛海威输入了新鲜的血液，前途变得光明起来。

协议签署不久，东南亚金融危机爆发，这使得香港中策集团重新考虑对瀛海威的合作投资。考虑到协议的合资安排不能充分保证中策的利益得到实现并且受到保护，中策集团决定暂不执行协议。实际上，瀛海威与中策的合资搁浅了，从而使瀛海威没有得到急需的资金。

合资不了了之，但是瀛海威公司的业务仍在发展。1998 年 3 月，在 8个主节点良好运营的基础上，公司又以特许经营的方式相继建成并开通了大连、鞍山、马鞍山三个节点。瀛海威加盟体系的正式确立，使信息服务业务开始向广阔的地域拓展，整体行业环境也在逐步改善。根据中国互联网信息中心（CN-NIC）统计，到 1998 年 6 月底，我国上网用户已经达到 117.5 万人，其中，直接上网用户 32.5 万人，拨号上网用户 85 万人。我国上网计算机数为 54.2 万台，其中拨号上网计算机为 46 万台，直接上网计算机为 8.2 万台。但是可盈利的空间还是很小，国内 ISP/ICP 产业一直处于举步维艰的境地，各商业 ISP 既要租用线路搭建自己的接入平台组建全国性的服务网络，又要发展用户，开发后台的信息资源。由于建设成本过高，使得他们根本无法提供优良的服务与高质量的信息。这对瀛海威这个中国 ISP/ICP 的先行者来说也不例外，瀛海威每月的收入非常有限，北京总部每月的收入不过几万元，这相对于巨额的投入微不足道。投资者和创业者之间的冲突已经不可避免。

1998 年 4 月，兴发集团决定把它后来投入的 3000 万股东贷款转为股份，债权变为股权，比例上升为 75%，按章程规定可以罢免经营者。后来在一次董事会上，张树新女士辞去北京瀛海威信息通信有限责任公司总裁一职，7月 13 日又辞去董事。

对于张树新的辞职，瀛海威董事长梁冶萍认为，瀛海威资金的危机只是一个方面，更主要的是市场能力的危机。在张树新的手下没有一支经过市场锻炼和检验的队伍，多数年轻的技术人员并不真正懂得市场。瀛海威在创立期，定位于“百姓网”，在市场定位和创立品牌的把握上都是成功的。但随着增值服务业的迅速发展，市场的细化，瀛海威没有适时转型。而且在瀛海威实际的5万用户中，绝大多数为25岁以下、月收入为一两千元的网虫，他们上网的目的是消遣和娱乐，根本不足以支撑网络的运行。从根本上说，张树新在有资源的时候没能及时转型，一旦没有“血”时，就步履维艰了。当投资人士要求网上要有商业价值时，她无法开辟这样的客户市场。

张树新始终坚持认为“百姓网”的定位是正确的，而且“现在这个定位更准确了，因为从某种程度讲，一个商业公司的目标是不该变的，只不过在不同时期策略不同”。张树新说瀛海威的定位非常简单，就是做一个每个人都使用的平台上的电子化消费。她认为，对一家公司的成长来讲，宏观的形势和自己微观目标的定义，都应该是10年以后。如果一个公司3年前是这样一目标，3年后是那样一个目标，“我不承认这样的公司是一个理性的公司。”

后来，张树新自我总结：瀛海威没有背靠行业资源、资本结构不合理、商业模型没有多种价值链的设计，只有远期目标，而缺乏中短期价值链的设计是其最主要的失误。而兴发集团自身对高新技术企业的特点把握不够，在投资之初，缺乏对瀛海威未来的清醒判断，对瀛海威的发展没有长远的规划，最终酿成这杯“苦酒”。

对瀛海威案例留给后人的启示《计算机世界》的吴萍做了如下总结：

（1）生态环境决定企业生存质量与寿命。美国在Internet领域发展了二十多年，电话和计算机的应用普及率都很高，信息化基础设施、信息化技术指标体系与中国不在一个水平线上，其信息产业的基础设施、网络资费、信息资源、人才、应用政策环境都相当规范，而中国基本上还不具备这些条件。1995年的中国，“互联网”对于大多数老百姓而言都是闻所未闻的新概念，当时每万人计算机保有量只有24台，到1995年底全国上网人数不到8万人，直到1996年1月，号称中国第一个全国网的公用计算机互联网（ChinaNet）才正式开通。因此，在那个年代，瀛海威不仅是第一个互联网接入服务商，也是第一个互联网内容提供商，并且还是第一个“互联网”概念“普及商”，很多的配套环境不具备，瀛海威可以说有劲也使不出。

（2）先进技术不能替代商业模式。瀛海威虽然开创了中国网络信息行业的先河，但作为一个商业运作的企业，瀛海威始终没能找到支持企业生存与发展的盈利模式。缺乏盈利模式与盈利能力支持的企业很容易让投资人和团队失去耐心和动力。

（3）品牌推广不能替代产品营销。瀛海威资金的危机是矛盾的引爆点，但更主要的是瀛海威市场能力的危机。在张树新的手下没有一支经过市场锻炼和检验的队伍，多数年轻技术人员并不真正懂得市场。瀛海威自始至终做的就是品牌经营，这一点它做得非常好。但忽略了另外一头，就是产品营销。

（4）主力产品缺位导致资源分散、精力分散。瀛海威作为网络信息服务企业，在BBS、ICP、ISP领域都从事经营，但没有一个突出的主业，力量分散，这是张树新经营上的一个败笔。孤军奋战，业务面铺得太宽，力竭而死。当时的瀛海威并没有一个特别的业务目标，“缺什么，做什么”是它最基本的原则，而在当时的中国，互联网什么都缺，因此瀛海威什么都做，然而无论做什么都需要花钱。因此，瀛海威不可避免地变成了一个吃钱的窟窿，盈利是渺茫的，巨亏是必然的。

（5）企业需要恪守战略融资的原则和底线。创业企业在战略融资中必须明确原则和底线，在力所能及的范围内坚持既定的发展方向和创业团队的控股权。这一点在张树新时代的中国互联网企业缺乏控股与坚守企业战略的信心与底气。

在这个课题面前，张树新第一个倒下了，以后还有谢文、王志东、王峻涛……与此同时，风险投资或战略投资人在股权分置上显然不够理性和成熟，他们不懂得掌握核心技术的创业团队才是企业盈利能力产生的源泉。

第十二章　阿里巴巴的“跑道”与创新工厂的“平台”

世上都说兔子好，不靠不等先做到；

世上都说兔子好，善用行动作报告。

第一节　梦想的天空

星夜，空旷的草原春意盎然，和煦的微风轻轻拂面，Kubi 仰望天空，企图寻找未来自己在天上的位置。如果我能飞，我应该待在哪个高度呢？被猛兽追逐的时候，自己希望变成鹰；被老鹰追逐的时候，自己特想变成燕子。能飞的感觉一定很神，有一双翅膀又是多么令你骄傲呢？梦想的天空万里无云，一望无际。不同的生灵自由地飞翔在自己特有的航道，不用担心草原干枯，不用担心洪水猛兽，不用担心猎人的枪弹，不用担心老鹰的利爪。高度就是速度，高度就是难度，高度就是力度！我要飞，Kubi 暗暗告诉自己，真的，我一定要飞！

飞天的梦想不是 Kubi 独有，所有的兔类一直有着飞天的期望。它们缩骨瘦身，它们短尾飞跑，它们与老鹰斗法，都是在练就飞天的本领。那么，兔子飞天的障碍到底在什么地方呢?

翅膀，腾空的翅膀，跃动翱翔的翅膀。解决翅膀的出路要么是长出来，要么是造出来，而这恰恰是兔子的局限和极限。夜深人静的时候，Kubi 强忍疼痛狠磨四爪，希望它们变成双翅；天亮的时候，Kubi 一次又一次跃起、落下，再跃起、再落下，直到全身瘫软，倒在地上。生活赋予兔子太多的智慧和才能，让它们一次又一次逃离劫难，迎来新生，但只有在飞天这一件事上，兔子祖祖辈辈努力，至今仍然梦想未圆。

第二节　沉重的翅膀

与兔子一样，每一家中小企业都有飞天的梦想。2010 年 9 月 26 日，中国工业和信息化部总工程师朱宏任在西安举行的“2010 中国（陕西）非公有制经济发展论坛”上表示，目前中国中小企业总数已超过亿家，占全国企业总数的 99%以上，创造的最终产品和服务价值相当于国内生产总值的 60%左右，在繁荣经济、推动创新、扩大出口、增加就业等方面发挥了重要作用。

朱宏任说，占全国企业总数 99%的中小企业，提供了全国 80%的城镇就业岗位，上缴的税收约为国家税收总额的 50%。这充分表明，没有量大面广的中小企业的平稳较快发展，就没有整个国民经济的平稳较快发展。

此外，朱宏任表示，目前，中国 65%的发明专利、75%以上的企业技术创新、80%以上的新产品开发，都是由中小企业完成的，以中小企业为代表的非公有制经济在中国经济社会发展中的地位和作用不断增强。

尽管上述资料令人鼓舞，但中小企业面临的问题也十分严峻，最直接的问题是销售难、贷款难、管理难、创新难。销售难表现为交易成本高，成交效率低贷款难表现为可抵押资产不足、信用记录缺失。据统计，2009 年，中国金融机构本外币中长期贷款累计新增 7.1 万亿元，其中大、中型企业贷款比例分别占 47%、44%，而小型企业仅占 8.5%。管理难表现为缺乏基础管理与人力资源管理工具与能力，缺乏现金流、物流、信息流的控制、反馈与整合能力，缺乏招人、用人、留人、辞人机制。创新难表现为市场信息闭塞，缺乏对客户需求、行业趋势和竞争变化的预见与决断能力，研发投入的人才、资金、动力不足。以上四大难点成为束缚中小企业快速腾飞的沉重翅膀，甚至严重影响中小企业的生存质量与健康发展。

第三节　让兔子飞

也许我不能飞，

但丝毫不影响我实现飞天的梦想，

因为，我可以制造飞天的翅膀，

让无数兔子自由飞翔。

——**Kubi** 日记

百度的成功是搜索引擎技术商业化的典范，为中国企业实现网上快速推广提供了便捷工具，网上搜索和网上推广已经成为网民日常工作和生活的一部分。腾讯的成功是即时通软件本土化的成功，实时通 + 门户网构成黏着力极强的沟通与休闲平台，天一样的大事，玩一样地被解决。但搜索与沟通不能替代生意。人们需要更直接、更便利的网上交易场所和条件去实现交易的过程和价值。于是，阿里巴巴向我们走来。

阿里巴巴是什么？马云不做回答，似乎也回答不了。因为阿里巴巴在不确定的市场环境中诞生，今后还将继续在不确定的全球化贸易发展中生存并受益。这就好比《西游记》中问孙悟空是什么一样，孙悟空什么都是，又什么都不是，他的使命在西天取经的路上是受托于玉帝，听命于唐僧，别以为看明白《西游记》就知道孙悟空是谁了。完成《西游记》孙悟空或许就会有新的角色、新的使命。《西游记》的精彩之处就在于孙悟空的嬗变与唐僧的不变互补成趣，相得益彰。迄今为止，阿里巴巴提供了电子商务的空间、信用识别、支付安全保障、网商应用软件、网络广告联盟、网商贷款、网商物流服务等特色服务，但并不等于说这就是阿里巴巴，或者说阿里巴巴就做这些。西游记之后，孙悟空可能再演东游记，也可能回到花果山做大王。这些都可能，或许还有更多想象不到的可能，所以，饶了马云，别用这种N多选项的问题折磨他。

专业IT研究公司艾瑞网网页上如此介绍阿里巴巴：阿里巴巴（Alibaba.com）是全球企业间（B2B）电子商务的著名品牌，是目前全球最大的网上交易市场和商务交流社区。据《每日商报》报道，截至2010年9月30日，阿里巴巴全球注册用户达到5670万名、付费会员100万名。受惠于付费会员数及增值服务强劲增长，2010年前9个月，阿里巴巴总营业收入为40.36亿元，同比增加45.8%；净利润10.59亿元，同比增加44.7%。据互联网实验室发布的数据，阿里巴巴目前在中国B2B电子商务领域拥有54.39%的市场份额，占互联网全行业总收入的2.12%，旗下淘宝网、支付宝各自占据相关领域94.7%和71%的份额。市场份额之高甚至成为阿里巴巴垄断市场之嫌的证据。

阿里巴巴的口号是"让天下没有难做的生意"。长期以来，影响传统商业发展的最大“瓶颈”就是交易成本奇高。其中包括建立信用的时间与风险，仓储与物流占用资金及费用，交易间隔期间发生的日常费用以及企业推广与产品、服务推广的成本，这无疑挤占了产品或服务的利润空间，降低了交易的价值和效率。被经济学家称为困扰中国经济健康发展的流动性过剩现象很大程度上源于信息不对称、信用严重缺失和物流成本居高造成的备用库存、低效物流和现金流重叠。阿里巴巴独创了两种盈利产品：网商信用身份证（诚信通）和网络支付第三方保证（支付宝），它切中了网络商务的两个要害——信用甄别和支付风险。这大大缩短了信用甄别和交易时间，降低了库存和资金成本，而这两个产品的诞生是以阿里巴巴长时间的免费服务为代价的，诸如免费空间、免费注册、免费交易等，恰恰是免费服务部分成为阿里巴巴吸引并留住客户的超级附加值和黏合剂。

供应链时代的今天，信用缺失已经使很多企业特别是传统行业的经营成本高于生产成本，也导致我们在流通领域丧失了竞争力。流通领域旧的体系被打破，新的体系至今没有重建起来，导致严重的信息不对称，信息缺失。随着互联网的发展，尤其是商务类应用的快速发展，许多不法分子纷纷将牟利黑手伸向互联网，导致近年来网络安全威胁和诚信危机事件频发。虽然近年来政府不断加大对网络安全问题的集中治理力度，网络安全诚信问题有了明显的改善，但形势依旧严峻，问题仍不容忽视。

根据国家互联网信息中心调查报告，2011 年上半年，遇到过病毒或木马攻击的网民达到 2.17 亿人，比例为 44.7%；有过账号或密码被盗经历的网民达到 1.21 亿人，占 24.9%，较 2010 年增加 3.1 个百分点；有 8%的网民在网上遇到过消费欺诈，该群体网民规模达到 3880 万。

互联网安全专家表示，互联网安全诚信问题受到来自科技、社会、法制等多方面因素制约，因此需要政府相关管理部门、互联网相关企业和全体网民共同行动起来，从完善域名安全保障机制、加强企业网络安全防护体系、提升网民辨别网络安全诚信能力等各环节出发，才能真正建立起各类综合防范机制，实现安全可信的互联网环境。

诚信通是阿里巴巴首创的交互式网上信用管理体系，它结合传统认证服务与网络实时互动的特点，将建立信用与展示产品相结合，从传统的第三方认证、合作商的反馈和评价、企业在阿里巴巴的活动记录等方面，不间断地展现企业在电子商务中的实践和活动。总之，只要是企业在阿里巴巴上任何一个小动作，无论是好的，还是坏的，诚信通都会像档案一样如实记录下来，这样的档案是公开的，谁都可以看得到。

支付宝是阿里巴巴开发创造的一种在线支付工具，通过支付宝进行支付，对买家来说，一是能保证安全，因为验货后才付款，购物安全有保障；二是手续费全免；三是不必跑银行，在线支付更方便；四是实名认证，更权威和真实。对卖家来说，一是支付宝很方便，再多交易轻松管理；二是实行全额赔付承诺，享受保障；三是能消除买家疑虑，带来更多商机。

中国的小企业成就了阿里巴巴的今天。阿里巴巴前10年主要是在帮助中小企业解决订单难的问题，帮助卖家即供应商通过网络营销去找买家、找订单。阿里巴巴未来十年要通过小企业的IT化（包括CBBS平台、阿里软件、阿里妈妈、出口通、中国供应商、网商大会），解决小企业采购、销售、管理和融资的难题，提升小企业的竞争力，实现全社会的产业升级。

阿里贷款是阿里巴巴针对中小企业融资难提供的贷款工具，由阿里巴巴联合中国工商银行、中国建设银行等知名中资银行，将中小企业信贷和电子商务信用体系、互联网运营机制相结合，推出的无抵押、利息低、获贷额度高、“零门槛”、方便快捷的贷款。

阿里贷款的主要产品“网络联保贷款”是一款不需要任何抵押的贷款产品，

由3家或3家以上企业组成一个互相担保的联合体，共同向银行申请贷款，同时企业之间实现风险共担。当联合体中有任意一家企业无法归还贷款，联合体其他企业需要共同替它偿还所有贷款本息。阿里巴巴作为实质上的服务平台，依托于网站9年多庞大的电子商务数据库建立了一套对贷款风险的控制机制，除处罚措施以外，还包括贷前风险评估、贷中风险监控预警和贷后风险处理等标准流程。阿里贷款的全套产品和流程，其理论基础是将中小企业的电子商务经营数据映像为传统经营业态的折算公式和动态图景，帮助银行解决中小企业融资成本高、风险难以预测的两大障碍，也帮助中小企业解决信贷支持少、直接融资渠道窄的问题。

经过3年多的不断运营，阿里贷款已经累计发放贷款120亿元以上。该项融资创新结合了电子商务的新趋势和风险管理的创造性突破，通过网络实现的全新风险测评及回避机制，有效地推动银行解决中小企业融资难，让处于生存、发展、融资难多重压力下的中小企业从此拥有了更多的机会。因此，业界专家普遍认为：“网络联保”或有望完善现有的中小企业贷款产品，创造一个符合中国国情也顺应时代需求的中小企业融资新环境。

针对中小企业管理难问题，阿里巴巴推出阿里软件服务。阿里软件是中国最大电子商务网站阿里巴巴集团继成立“阿里巴巴”、“淘宝”、“支付宝”、“雅虎”后，于2007年1月8日成立的第5家子公司，阿里软件通过与全球软件巨头微软公司达成战略合作，充分整合利用互联网、通信和软件的聚合优势，站在软件行业的技术尖端，将电子商务与在线软件服务融为一体，为中小企业提供方便、灵活、简洁和便宜的一站式在线软件工具，涵盖中小企业电子商务工具、企业管理工具、企业通信工具和办公自动化工具。

阿里软件基于国际最新的SaaS（Software as a Service）模式充分利用互联网，让中小企业用户对软件做到先尝试后购买，用多少付多少，无须安装，即插即用，低成本在线软件。同时，还可根据行业、区域轻松为用户做大规模需求定制，用更为实惠的软件服务形式大大降低了中小企业管理软件使用门槛，让他们轻松拥有和大中型企业同台竞争的武器。

2010 年 6 月，淘宝网推出了物流宝平台（http：//e56.taobao.com），即由淘宝网联合国内外的仓储、快递、软件等物流企业组成服务联盟，提供一站式电子商务物流配送外包服务，解决商家货物配备（集货、加工、分货、拣选、配货、包装）和递送难题的物流信息平台。

阿里巴巴大手笔的外部并购与内部整合旨在组织资源、工具和服务团队让中小企业通过电子商务实现业务腾飞之梦。目前，阿里巴巴已具备提供网商展示与沟通、网商信用甄别、网商支付担保、网商贷款、网商仓储物流服务、网商培训、网商出口与管理软件支持和网货线下展示与交易等基础设施与智能管理服务能力，成为全球最大的网络商业价值开发、商务管理和综合服务商。从“Meet-at-Alibaba”到“Work-at-Alibaba”，再到“Fly-through-Alibaba”，阿里巴巴已经为网商勾勒出一幅各取所需、心想事成的 21 世纪“清明上河图”。

与阿里巴巴的网络交易服务平台相比，由李开复博士创办于 2009 年 9 月的创新工厂更像一个创业“乌托邦”，旨在帮助中国青年成功创业。创新工厂是一家致力于早期阶段投资并提供全方位创业培育的投资机构，旨在培育创新人才和新一代高科技企业。创新工厂通过针对早期创业者需求的资金、商业、技术、市场、人力、法律、培训等提供一揽子服务，帮助早期阶段的创业公司顺利启动和快速成长，同时帮助创业者开创出一批最有市场价值和商业潜力的产品。创新工厂的投资方向将立足于信息产业最热门领域：移动互联网、消费互联网、电子商务和云计算。

创新工厂以及投资的项目团队中聚集了一批行业精英：既不乏来自本土知名企业的专业人士和有过多次创业实践的本土创业者，又有来自硅谷的资深技术人才，以及著名跨国科技公司的业内高手。各个创业团队除了已经吸引到国内高校计算机系的优秀毕业生加盟，也有多位来自斯坦福大学、哈佛大学、耶鲁大学、牛津大学、加州大学伯克利分校、麻省理工学院、芝加哥大学不同专业的杰出校友。创新工厂已成为吸引热衷科技创新的青年创业者的磁石。

在《商业价值》与创新工场旗下的众多团队交流中，几乎所有团队都认为创新工场的最大价值就是让他们在孵化期可以心无旁骛地聚焦在产品上，而不被招聘、法务、推广、内部文化等分散任何精力，在今天这样一个产品决定一切的时代，他们可以借此跑得更快。而在他们从创新工厂“毕业”开始独立发展的时候，会有一个成熟的体系可以借鉴，以及一个更高的起点来继续奔跑。

事实上，创新工场在天使轮就跟进并扶助创业企业的做法已经得到了更多国内投资者的认同。在新浪微博上，许多 VC 都开始像李开复一样用一种极度亲民的姿态去面对创业者；在线下，车库咖啡这种模式的迅速走红也深深契合了投资者极度渴望在创业者早期就进入的迫切心态，具体到融资金额，尤其是在移动互联网领域，面向天使轮的早期的小额融资案例越来越多，很多早期投资者甚至在一些创业者刚从旧公司离职就开始争抢投资机会。

创新工场主要投资项目：点点网、知乎、心游科技、同步助手、移花互动(酒店达人)、安全宝、北京磊友信息科技有限公司、涂鸦移动、行云等。投资 47 个项目，18 家拿到 A 轮，总投资超过 2.5 亿元，吸引外部 VC 投资 5 亿元。

2011 年 9 月 27 日，美国《华盛顿邮报》发表了一篇文章——《我们应该真正害怕中国什么》。在临近竞选年的华盛顿，各路政客炒作中国话题的不在少数，但这篇文章提出了一个独特的视角。

文章的大意是，中国近年来在科技论文和专利发明方面取得了快速的进步，在数量方面已经仅次于美国，而且大有超过美国的趋势，引发了美国决策者的担忧。但是，文章的作者认为，这并不太值得担心，因为中国的论文和专利做假现象比较普遍，而真正应该引起美国人关注的是，越来越多的中国年轻学子正在走出校园，走向市场，开始创业。

他特别提到北京中关村的一个小小的咖啡馆，那里每天有几十个年轻的创业团队聚集，同时有很多“天使投资者”前来寻找投资机会。德国《明镜》周刊的记者也造访了这些年轻人，得出了一个结论：这些咖啡馆和科技园区正在发生的事情，将有机会在中国催生出21世纪的硅谷。

西方媒体对于中国社会的观察很多时候有失偏颇，但这篇报道却非常敏锐地观察到，在今天的中国社会，很多草根的创业者，或许将成为推动中国经济转型的重要力量。

交易平台、创新工场与管理软件正在成为中小企业起飞的跑道和动力，助力这群最有希望、最有活力的兔子早日飞向梦想的蓝天。

Kubi 悟道

道可道，非常道。至伟大道不是循规而是自律。每个人、每个企业在道上的贡献不是他说什么、他信奉什么、他承诺什么、他反对什么，而是他做了什么，他做人做事的方式，他做人做事的习惯和规律。无论是个人还是企业在道德上的选择没有标准答案，不同的出生背景，不同的家教、社教，不同的人生际遇，不同的信仰和追求都可能影响人们在道德上的选择。有道德意识、道德取向和道德约束的人都是可敬的，毕竟他在生存意识的基础上已经在选择生活方式。

市场经济孕育阶段，拜金成为文化新潮。拜金不仅表现为对财富的崇拜，更表现为对发财路径的宽容和理解，与金钱带来的成就与快乐相比，道德好像男士化妆品一样成为普通人不屑的少数人时尚。长期受拜金文化浸淫但仍然坚守道德底线的企业被冯仑比作“夜总会里的处女”，稀缺而且可敬。对一个从蛮荒中走来的野生群体提出道德要求似乎不近情理，从对生物学贡献角度而言，自食其力地活着已经是最有价值的道德表现。但不容避讳的是，越是缺乏规则的游戏，参与者的自律越能体现人格的高尚。

在社会发展史上，好的个体比好的制度更能影响人的行为习惯；同样，在企业发展史上，好的企业比好的规则更能引导企业文化和企业管理模式的走向。空调有格力，让我们懂得核心技术奠定竞争优势；服务学海尔，让我们明白标准化的服务更能增加客户对品牌的忠诚；买房选万科，让我们理解非暴利、不行贿在产品销售上同样会有惊人的道德感召力。在任何一个成熟的行业，我们总能找到让人心动并为之重复投资的品牌，它们不是最好的，它们也未必最便宜，它们同样会有这样或那样的瑕疵或传闻，但恰恰由于它们的坦诚和始终如一的服务赢得了客户对它们的忠诚。

出生入死，前赴后继。人类及其企业组织发展规律与行走路径对兔子而言无疑是不可多得的财富。中国企业走过 30 多年的蛮荒时代逐步实现生存模式的转型。尽管缺乏道德约束的原始积累和曾经酿成血流成河的残酷红海的同质化的产品、价格和营销模式竞争还没有从人们的记忆中完全抹去，但是健康与文明正在成为众多企业理性的愿望和追求。

20 多家健康生存的标杆企业留给我们不少启发：正如达尔文所言，长期生存的并非最强大的，也并非最聪明的，而是最能适应环境变化的动物。对兔子而言，生生不息就是家族最大的战略；食草为生，争做草原上的佼佼者，就是兔子的自身定位；知避险之策，晓求生之道就是生存的方法；了解气候变化规律，懂得疾病预防办法，在条件好的时候多积累，在光景差的时候少消耗就是趋势；团结伙伴为赢心，听从建言为聚智，睦邻友好即谋和，天天向上即求变。“明略、定位、得法、专攻、顺天、趋势、合和、创新”十六字概括了生存之道，但核心则是不作恶的价值观。因为不作恶，所以习惯为善；因为不作恶，所以天下无敌；因为不作恶，所以得道多助。

对照案例——李途纯的“无罪释放”和陈发树的“财富裸奔”[①]

本书即将付印之际，传来了“李途纯被无罪释放”和“陈发树22亿股权投资在云南裸奔”一喜一悲两条消息，前者揭开太子奶落败的非市场诱因，后者再现“准市场经济”环境中权利与规则及契约精神的荒诞博弈。对4000多万中国企业来说，从“孙子”到“兔子”已经是一种了不起的进步，第一，论资排辈，你已经不是“孙子”；第二，从“野兔”到“家兔”，你已经摆脱被放逐的阴影；第三，兔子尾巴虽然短，还是夹紧一些更安全，否则，太把自己当饽饽，小心成为权贵们的盘中餐。

2012年2月14日，湖南太子奶集团的创始人李途纯被超期羁押15个月，遭遇名誉及身心的极端摧残，并从太子奶彻底出局后，被宣布无罪释放。

1996年，李途纯以50万元起家，在短短数年内便在竞争激烈的配制奶市场上争得一席之地，1997年太子奶在广告竞标中争得中央台“标王”。2006年，太子奶从摩根、英联、高盛私募7亿元，再次为李途纯式的冒险注入了新的动力。在过去的十年里，缺乏营养的配制奶被纯奶压迫，并不处在高速成长的通道中。李途纯在主业上没有形成核心的竞争力，却又同时犯下扩张过快及多元化的致命错误（参见本书第二章对照案例“奢华的赌局”）。

2009年，株洲市政府为了拯救太子奶，组建高科奶业，对之进行“封闭性经营”。接下来国有性质的高科奶业被私营化，李途纯的股权被强制性稀释，在惨烈的博弈过程中，拒绝退出的李途纯以涉嫌非法吸收公众存款等罪名被捕。从现有的数据看，这位操盘人名叫文迪波，他的官职是株洲高新区管委会副主

① 资料来源：吴晓波. 被剥夺与被释放. 企业史碎片. 搜狐博客；刘文谋. 陈发树买药案开庭：权力无畏，富豪不输. 凤凰财经.

任、天元区委常委、区人民政府党组成员和株洲高科集团有限公司董事长。2011 年 8 月，他被湖南省纪委“双规”，这成为太子奶风波路回峰转的关键。

李途纯的释放仅仅是一个侥幸——他的“无罪”恰恰是建立在对手“有罪”的前提之下。

与李途纯的无罪释放相比，陈发树的财富裸奔更似黑色幽默。2009 年，陈发树（案例见本书第二章）与云南白药第二大股东云南红塔集团有限公司（下称红塔集团）签订转让合同，陈发树受让后者持有的云南白药 12.32%股权共 6581.3912 万股，但要求在股份转让完成后 7 个工作日内报中国烟草总公司备案。随后的 9 月 10 日，陈发树与红塔集团签订了股权转让协议，约定红塔集团将持有的占云南白药的股份全部转让给陈发树，对价为每股 33.543 元。由此，陈发树需要支付的总价款为 22 亿余元，并在协议生效之日起的 5 个工作日内一次性以货币资金全额支付给云南红塔集团。9 月 16 日，陈发树向云南红塔集团交纳了全部股份转让款。

协议签订、转让款支付，等待陈发树的似乎是 6500 余万股云南白药股份的过户以及云南白药第二大股东的地位，其资本王国的基础将更加稳固。但让陈发树始料未及的是，正是协议中“转让完成尚需国资监管部门审核批准”这一步让他苦苦等了两年。2012 年 1 月 19 日，等待股权过户已过两年之久的陈发树收到了云南红塔集团的《通知》。《通知》称：“我公司收到上级主管单位的批复意见，不同意我公司与你签订的《股份转让协议》所约定的股份转让。”陈发树没有如期盼来肯定的批复，到手的却是中国烟草总公司的一纸否定书，否定的理由是“为确保国有资产保值增值，防止国有资产流失”。

根据上述《通知》，已经签订两年多之久的股权转让协定，因上级主管部门不批复而自动解除，并将陈发树已经支付的 22 亿余元股权转让资金无息退还。这意味着陈发树的 22 亿余元白白存在云南白药的账上，在两年多的时间内没创造任何收益，成了两年期的无息定期存款。生意做不成了，陈发树还要眼睁睁看着两年间云南白药的股价上涨以及去年进行分红和配股带来的收益付诸东流——如果以同期存款计算，其取得的收益可达2亿多元。

空气污浊的时候，呼吸系统疾病不期而至；土壤不好的时候，植物缺乏成长营养和发展动因；在法律、制度、契约不足以保护企业家权益的情况下，追求长寿的企业不得不选择中国式道路，即本书描述的《兔子兵法》。一个企业的成功与持续成功是外部环境和内在努力的有效结合，环境稳定的时候三分在修，七分在为；环境不稳定的时候七分在修，三分在为。因此，在总结企业发展规律的时候，我们理应正视企业自身的追求和努力，但不应过分夸大内在创造性的作用，更不可忽视甚至无视地造天演等时空元素的影响。

本书列出李途纯、陈发树遭遇的不规则游戏案例，旨在提示诸位读者用平常心看待企业家的成败，既不能高估企业及企业家自身的能量，也不能小觑企业家精神和管理智慧对企业持续发展的引领作用；同时，要正视创业背景和法治环境对企业发展的影响。

附录　华为公司基本法

第一章　公司的宗旨

一、核心价值观

（追求）

第一条　华为的追求是在电子信息领域实现顾客的梦想，并依靠点点滴滴、锲而不舍的艰苦追求，使我们成为世界级领先企业。

为了使华为成为世界一流的设备供应商，我们将永不进入信息服务业。通过无依赖的市场压力传递，使内部机制永远处于激活状态。

（员工）

第二条　认真负责和管理有效的员工是华为最大的财富。尊重知识、尊重个性、集体奋斗和不迁就有功的员工，是我们事业可持续成长的内在要求。

（技术）

第三条　广泛吸收世界电子信息领域的最新研究成果，虚心向国内外优秀企业学习，在独立自主的基础上，开放合作地发展领先的核心技术体系，用我们卓越的产品自立于世界通信列强之林。

（精神）

第四条 爱祖国、爱人民、爱事业和爱生活是我们凝聚力的源泉。责任意识、创新精神、敬业精神与团结合作精神是我们企业文化的精髓。实事求是是我们行为的准则。

（利益）

第五条 华为主张在顾客、员工与合作者之间结成利益共同体。努力探索按生产要素分配的内部动力机制。我们决不让雷锋吃亏，奉献者定当得到合理的回报。

（文化）

第六条 资源是会枯竭的，唯有文化才会生生不息。一切工业产品都是人类智能创造的。华为没有可以依存的自然资源，唯有在人的头脑中挖掘出大油田、大森林、大煤矿……精神是可以转化成物质的，物质文明有利于巩固精神文明。我们坚持以精神文明促进物质文明的方针。

这里的文化，不仅仅包含知识、技术、管理、情操……也包含了一切促进生产力发展的无形因素。

（社会责任）

第七条 华为以产业报国和科教兴国为己任，以公司的发展为所在小区作出贡献。为伟大祖国的繁荣昌盛，为中华民族的振兴，为自己和家人的幸福而不懈努力。

二、基本目标

（质量）

第八条 我们的目标是以优异的产品、可靠的质量、优越的终生效能费用比和有效的服务，满足顾客日益增长的需要。

质量是我们的自尊心。

（人力资本）

第九条　我们强调人力资本不断增值的目标优先于财务资本增值的目标。

（核心技术）

第十条　我们的目标是发展拥有自主知识产权的世界领先的电子和信息技术支撑体系。

（利润）

第十一条　我们将按照我们的事业可持续成长的要求，设立每个时期的合理的利润率和利润目，而不单纯追求利润的最大化。

三、公司的成长

（成长领域）

第十二条　我们进入新的成长领域，应当有利于提升公司的核心技术水平，有利于发挥公司资源的综合优势，有利于带动公司的整体扩张。顺应技术发展的大趋势，顺应市场变化的大趋势，顺应社会发展的大趋势，就能使我们避免大的风险。

只有当我们看准了时机和有了新的构想，确信能够在该领域中对顾客作出与众不同的贡献时，才进入市场广阔的相关新领域。

（成长的牵引）

第十三条　机会、人才、技术和产品是公司成长的主要牵引力。这四种力量之间存在着相互作用。机会牵引人才，人才牵引技术，技术牵引产品，产品牵引更多更大的机会。加大这四种力量的牵引力度，促进它们之间的良性循环，就会加快公司的成长。

（成长速度）

第十四条 我们追求在一定利润率水平上的成长的最大化。我们必须达到和保持高于行业平均的增长速度和行业中主要竞争对手的增长速度，以增强公司的活力，吸引最优秀的人才，和实现公司各种经营资源的最佳配置。在电子信息产业中，要么成为领先者，要么被淘汰，没有第三条路可走。

（成长管理）

第十五条 我们不单纯追求规模上的扩展，而是要使自己变得更优秀。因此，高层领导必须警惕长期高速增长有可能给公司组织造成的脆弱和隐藏的缺点，必须对成长进行有效的管理。在促进公司迅速成为一个大规模企业的同时，必须以更大的管理努力，促使公司更加灵活和更为有效。始终保持造势与做实的协调发展。

四、价值的分配

（价值创造）

第十六条 我们认为，劳动、知识、企业家和资本创造了公司的全部价值。

（知识资本化）

第十七条 我们是用转化为资本这种形式，使劳动、知识以及企业家的管理和风险的累积贡献得到体现和报偿；利用股权的安排，形成公司的中坚力量和保持对公司的有效控制，使公司可持续成长。知识资本化与适应技术和社会变化的有活力的产权制度，是我们不断探索的方向。

我们实行员工持股制度。一方面，普惠认同华为的模范员工，结成公司与员工的利益与命运共同体。另一方面，将不断地使最有责任心与才能的人进入公司的中坚层。

（价值分配形式）

第十八条　华为可分配的价值，主要为组织权力和经济利益；其分配形式是：机会、职权、工资、奖金、安全退休金、医疗保障、股权、红利，以及其他人事待遇。我们实行按劳分配与按资分配相结合的分配方式。

（价值分配原则）

第十九条　效率优先，兼顾公平，可持续发展，是我们价值分配的基本原则。

按劳分配的依据是：能力、责任、贡献和工作态度。按劳分配要充分拉开差距，分配曲线要保持连续和不出现拐点。股权分配的依据是：可持续性贡献、突出才能、品德和所承担的风险。股权分配要向核心层和中坚层倾斜，股权结构要保持动态合理性。按劳分配与按资分配的比例要适当，分配数量和分配比例的增减应以公司的可持续发展为原则。

（价值分配的合理性）

第二十条　我们遵循价值规律，坚持实事求是，在公司内部引入外部市场压力和公平竞争机制，建立公正客观的价值评价体系并不断改进，以使价值分配制度基本合理。衡量价值分配合理性的最终标准，是公司的竞争力和成就，以及全体员工的士气和对公司的归属意识。

第二章　基本经营政策

一、经营重心

（经营方向）

第二十一条　我们中短期经营方向集中在通信产品的技术与质量上，重点突破、系统领先，摆脱在低层次市场上角逐的被动局面，同时发展相关信息产品。公司优先选择资源共享的项目，产品或事业领域多元化紧紧围绕资源共享展开，不进行其他有诱惑力的项目，避免分散有限的力量及资金。

我们过去的成功说明，只有大市场才能孵化大企业。选择大市场仍然是我们今后产业选择的基本原则。但是，成功并不总是一位引导我们走向未来的可靠向导。我们要严格控制进入新的领域。

对规划外的小项目，我们鼓励员工的内部创业活动，并将拨出一定的资源，支持员工把出色的创意转化为顾客需要的产品。

(经营模式)

第二十二条 我们的经营模式是，抓住机遇，靠研究开发的高投入获得产品技术和性能价格比的领先优势，通过大规模的席卷式的市场营销，在最短的时间里形成正反馈的良性循环，充分获取“机会窗”的超额利润。不断优化成熟产品，驾驭市场上的价格竞争，扩大和巩固在战略市场上的主导地位。我们将按照这一经营模式的要求建立我们的组织结构和人才队伍，不断提高公司的整体运作能力。

在设计中构建技术、质量、成本和服务优势，是我们竞争力的基础。日本产品的低成本，德国产品的稳定性，美国产品的先进性，是我们赶超的基准。

(资源配置)

第二十三条 我们坚持“压强原则”，在成功关键因素和选定的战略生长点上，以超过主要竞争对手的强度配置资源，要么不做，要做，就极大地集中人力、物力和财力，实现重点突破。

在资源的分配上，应努力消除资源合理配置与有效利用的障碍。我们认识到对人、财、物这三种关键资源的分配，首先是对优秀人才的分配。我们的方针是使最优秀的人拥有充分的职权和必要的资源去实现分派给他们的任务。

(战略联盟)

第二十四条 我们重视广泛的对等合作和建立战略伙伴关系，积极探索在互利基础上的多种外部合作形式。

（服务网络）

第二十五条　华为向顾客提供产品的终生服务承诺。

我们要建立完善的服务网络，向顾客提供专业化和标准化的服务。顾客的利益所在，就是我们生存与发展的最根本的利益所在。

我们要以服务来定队伍建设的宗旨，以顾客满意度作为衡量一切工作的准绳。

二、研究与开发

（研究开发政策）

第二十六条　顾客价值观的演变趋势引导着我们的产品方向。

我们的产品开发遵循在自主开发的基础上广泛开放合作的原则。在选择研究开发项目时，敢于打破常规，走别人没有走过的路。我们要善于利用有节制的混沌状态，寻求对未知领域研究的突破；要完善竞争性的理性选择程序，确保开发过程的成功。

我们保证按销售额的10%拨付研发经费，有必要且可能时还将加大拨付的比例。

（研究开发系统）

第二十七条　我们要建立互相平行、符合大公司战略的三大研究系统，即产品发展战略规划研究系统，产品研究开发系统，以及产品中间试验系统。随着公司的发展，我们还会在国内外具有人才和资源优势的地区，建立分支研究机构。

在相关的基础技术领域中，不断地按“窄频带、高振幅”的要求，培养一批基础技术尖子。在产品开发方面，培养一批跨领域的系统集成带头人。把基础技术研究作为研究开发人员循环流程的一个环节。

没有基础技术研究的深度，就没有系统集成的高水平；没有市场和系统集成的牵引，基础技术研究就会偏离正确的方向。

(中间试验)

第二十八条 我们十分重视新产品、新器件和新工艺的品质论证及测试方法研究。要建立一个装备精良、测试手段先进、由众多“宽频带、高振幅”的优秀工程专家组成的产品中间试验中心。为了使我们中间试验的人才和装备水平居世界领先地位，我们在全世界只建立一个这样的大型中心。要经过集中的严格筛选过滤新产品和新器件，通过不断地品质论证提高产品的可靠性，持续不断地进行容差设计试验和改进工艺降低产品成本，加快技术开发成果的商品化进程。

三、市场营销

(市场地位)

第二十九条 华为的市场定位是业界最佳设备供应商。

市场地位是市场营销的核心目标。我们不满足于总体销售额的增长，我们必须清楚公司的每一种主导产品的市场份额是多大，应该达到多大。特别是新产品、新兴市场的市场份额和销售份额更为重要。品牌、营销网络、服务和市场份额是支撑市场地位的关键要素。

(市场拓展)

第三十条 战略市场的争夺和具有巨大潜力的市场的开发，是市场营销的重点。我们既要抓住新兴产品市场的快速渗透和扩展，也要奋力推进成熟产品在传统市场与新兴市场上的扩张，形成绝对优势的市场地位。

作为网络设备供应商，市场战略的要点是获取竞争优势，控制市场主导权的关键。市场拓展是公司的一种整体运作，我们要通过影响每个员工的切身利益传递市场压力，不断提高公司整体响应能力。

（营销网络）

第三十一条　营销系统的构架是按对象建立销售系统，按产品建立营销系统，形成矩阵覆盖的营销网络。

（营销队伍建设）

第三十二条　我们重视培育一支高素质的、具有团队精神的销售工程师与营销管理者队伍，重视发现和培养战略营销管理人才和国际营销人才。

我们要以长远目标来建设营销队伍，以共同的事业、责任、荣誉来激励和驱动。

（资源共享）

第三十三条　市场变化的随机性、市场布局的分散性和公司产品的多样性，要求前方营销队伍必须得到及时强大的综合支持，要求我们必须能够迅速调度和组织大量资源抢夺市场先机和形成局部优势。因此营销部门必须采取灵活的运作方式，通过事先策划与现场求助，实现资源的动态最优配置与共享。

四、生产方式

（生产战略）

第三十四条　我们的生产战略是在超大规模销售的基础上建立敏捷生产体系。因地制宜地采用世界上先进的制造技术和管理方法，坚持永无止境的改进，不断提高质量，降低成本，缩短交货期和增强制造柔性，使公司的制造水平和生产管理水平达到世界级大公司的基准。

（生产布局）

第三十五条　顺应公司事业领域多元化和经营地域国际化的趋势，我们将按照规模经济原则、比较成本原则和贴近顾客原则，集中制造关键基础部件和分散组装最终产品，在全国和世界范围内合理规划生产布局，优化供应链。

五、理财与投资

（筹资战略）

第三十六条 我们努力使筹资方式多样化，继续稳健地推行负债经营。开辟资金来源，控制资金成本，加快资金周转，逐步形成支撑公司长期发展需求的筹资合作关系，确保公司战略规划的实现。

（投资战略）

第三十七条 我们中短期的投资战略仍坚持产品投资为主，以期最大限度地集中资源，迅速增强公司的技术实力、市场地位和管理能力。我们在制定重大投资决策时，不一定追逐今天的高利润项目，同时要关注有巨大潜力的新兴市场和新产品的成长机会。我们不从事任何分散公司资源和高层管理精力的非相关多元化经营。

（资本经营）

第三十八条 我们在产品领域经营成功的基础上探索资本经营，利用产权机制更大规模地调动资源。实践表明，实现这种转变取决于我们的技术实力、营销实力、管理实力和时机。外延的扩张依赖于内涵的做实，机会的捕捉取决于事先的准备。

资本知识化是加速资本经营良性循环的关键。我们在进行资本扩充时，重点要选择那些有技术、有市场，以及与我们有互补性的战略伙伴，其次才是金融资本。

资本经营和外部扩张，应当有利于潜力的增长，有利于效益的增长，有利于公司组织和文化的统一性。公司的上市应当有利于巩固我们已经形成的价值分配制度的基础。

第三章 基本组织政策

一、基本原则

(组织建立的方针)

第三十九条 华为组织的建立和健全，必须：

1. 有利于强化责任，确保公司目标和战略的实现。

2. 有利于简化流程，快速响应顾客的需求和市场的变化。

3. 有利于提高协作的效率，降低管理成本。

4. 有利于信息的交流，促进创新和优秀人才的脱颖而出。

5. 有利于培养未来的领袖人才，使公司可持续成长。

(组织结构的建立原则)

第四十条 华为将始终是一个整体。这要求我们在任何涉及华为标识的合作形式中保持控制权。

战略决定结构是我们建立公司组织的基本原则。具有战略意义的关键业务和新事业生长点，应当在组织上有一个明确的负责单位，这些部门是公司组织的基本构成要素。

组织结构的演变不应当是一种自发的过程，其发展具有阶段性。组织结构在一定时期内的相对稳定，是稳定政策、稳定干部队伍和提高管理水平的条件，是提高效率和效果的保证。

(职务的设立原则)

第四十一条 管理职务设立的依据是对职能和业务流程的合理分工，并以实现组织目标所必须从事的一项经常性工作为基础。职务的范围应设计得足够大，以强化责任、减少协调和提高任职的挑战性与成就感。

设立职务的权限应集中。对设立职务的目的、工作范围、隶属关系、职责和职权，以及任职资格应作出明确规定。

(管理者的职责)

第四十二条 管理者的基本职责是依据公司的宗旨主动和负责地开展工作，使公司富有前途，工作富有成效，员工富有成就。管理者履行这三项基本职责的程度，决定了他的权威与合法性被下属接受的程度。

(组织的扩张)

第四十三条 组织的成长和经营的多元化必然要求向外扩张。组织的扩张要抓住机遇，而我们能否抓住机遇和组织能够扩张到什么程度，取决于公司的干部队伍素质和管理控制能力。当依靠组织的扩张不能有效地提高组织的效率和效果时，公司将放缓对外扩张的步伐，转而致力于组织管理能力的提高。

二、组织结构

(基本组织结构)

第四十四条 公司的基本组织结构将是一种二维结构：按战略性事业划分的事业部和按地区划分的地区公司。事业部在公司规定的经营范围内承担开发、生产、销售和用户服务的职责；地区公司在公司规定的区域市场内有效利用公司的资源开展经营。事业部和地区公司均为利润中心，承担实际利润责任。

(主体结构)

第四十五条 职能专业化原则是建立管理部门的基本原则。对于以提高效率和加强控制为主要目标的业务活动领域，一般也应按此原则划分部门。

公司的管理资源、研究资源、中试资源、认证资源、生产管理资源、市场资源、财政资源、人力资源和信息资源……是公司的公共资源。为了提高公共资源的效率，必须进行审计。按职能专业化原则组织相应的部门，形成公司组织结构的主体。

（事业部）

第四十六条 对象专业化原则是建立新事业部门的基本原则。

事业部的划分原则可以是以下两种原则之一，即产品领域原则和工艺过程原则。按产品领域原则建立的事业部是扩张型事业部，按工艺过程原则建立的事业部是服务型事业部。

扩张型事业部是利润中心，实行集中政策，分权经营。应在控制有效的原则下，使之具备开展独立经营所需的必要职能，既充分授权，又加强监督。

对于具有相对独立的市场，经营已达到一定规模，相对独立运作更有利于扩张和强化最终成果责任的产品或业务领域，应及时选择更有利于它发展的组织形式。

（地区公司）

第四十七条 地区公司是按地区划分的、全资或由总公司控股的、具有法人资格的子公司。地区公司在规定的区域市场和事业领域内，充分运用公司分派的资源和尽量调动公司的公共资源寻求发展，对利润承担全部责任。在地区公司负责的区域市场中，总公司及各事业部不与之进行相同事业的竞争。各事业部如有拓展业务的需要，可采取会同或支持地区公司的方式进行。

（矩阵结构的演进）

第四十八条 当按职能专业化原则划分的部门与按对象专业化原则划分的部门交叉运作时，就在组织上形成了矩阵结构。

公司组织的矩阵结构，是一个不断适应战略和环境变化，从原有的平衡到不平衡，再到新的平衡的动态演进过程。不打破原有的平衡，就不能抓住机会，快速发展；不建立新的平衡，就会给公司组织运作造成长期的不确定性，削弱责任建立的基础。

为了在矩阵结构下维护统一指挥原则和责权对等原则，减少组织上的不确定性和提高组织的效率，我们必须在以下几方面加强管理的力度：

1. 建立有效的高层管理组织。

2. 实行充分授权，加强监督。

3. 加强计划的统一性和权威性。

4. 完善考核体系。

5. 培育团队精神。

(求助网络)

第四十九条 我们要在公司的纵向等级结构中适当地引入横向和逆向的网络运作方式，以激活整个组织，最大限度地利用和共享资源。我们既要确保正向直线职能系统制定和实施决策的政令畅通，又要对逆向和横向的求助系统作出及时灵活的响应，使最贴近顾客，最先觉察到变化和机会的高度负责的基层主管和员工，能够及时得到组织的支持，为组织目标作出与众不同的贡献。

(组织的层次)

第五十条 我们的基本方针是减少组织的层次，以提高组织的灵活性。减少组织层次一方面要减少部门的层次，另一方面要减少职位的层次。

三、高层管理组织

(高层管理组织)

第五十一条 高层管理组织的基本结构为三部分：公司执行委员会、高层管理委员会与公司职能部门。

公司的高层管理委员会有：战略规划委员会，人力资源委员会，财经管理委员会。

（高层管理职责）

第五十二条　公司执行委员会负责确定公司未来的使命、战略与目标，对公司重大问题进行决策，确保公司可持续成长。

高层管理委员会是由资深人员组成的咨询机构。负责拟制战略规划和基本政策，审议预算和重大投资项目，以及审核规划、基本政策和预算的执行结果。审议结果由总裁办公会议批准执行。

公司职能部门代表公司总裁对公司公共资源进行管理，对各事业部、子公司、业务部门进行指导和监控。公司职能部门应归口设立，以尽量避免多头领导现象。

高层管理任务应以项目形式予以落实。高层管理项目完成后，形成具体工作和制度，并入某职能部门的职责。

（决策制度）

第五十三条　我们遵循民主决策，权威管理的原则。

高层重大决策需经高层管理委员会充分讨论。决策的依据是公司的宗旨、目标和基本政策；决策的原则是，从贤不从众。真理往往掌握在少数人手里，要造成一种环境，让不同意见存在和发表。一经形成决议，就要实行权威管理。

高层委员会集体决策以及部门首长负责制下的办公会议制度，是实行高层民主决策的重要措施。我们的方针是，放开高层民主，使智慧充分发挥；强化基层执行，使责任落在实处。

各部门首长隶属于各个专业委员会，这些委员会议事而不管事，对形成的决议有监督权，以防止一长制中的片面性。各部门首长的日常管理决策，应遵循部门首长办公会确定的原则，对决策后果承担个人责任。各级首长办公会的讨论结果，以会议纪要的方式向上级呈报。报告上必须有三分之二以上的正式成员签名，报告中要特别注明讨论过程中的不同意见。

公司总裁有最后的决策权，在行使这项权力时，要充分听取意见。

(高层管理者行为准则)

第五十四条 高层管理者应当做到：

1. 保持强烈的进取精神和忧患意识。对公司的未来和重大经营决策承担个人风险。

2. 坚持公司利益高于部门利益和个人利益。

3. 倾听不同意见，团结一切可以团结的人。

4. 加强政治品格的训练与道德品质的修养，廉洁自律。

5. 不断学习。

第四章 基本人力资源政策

一、人力资源管理准则

(基本目的)

第五十五条 华为的可持续成长，从根本上靠的是组织建设和文化建设。因此，人力资源管理的基本目的，是建立一支宏大的高素质、高境界和高度团结的队伍，以及创造一种自我激励、自我约束和促进优秀人才脱颖而出的机制，为公司的快速成长和高效运作提供保障。

(基本准则)

第五十六条 华为全体员工无论职位高低，在人格上都是平等的。人力资源管理的基本准则是公正、公平和公开。

(公正)

第五十七条 共同的价值观是我们对员工作出公平评价的准则；对每个员

工提出明确的挑战性目标与任务，是我们对员工的绩效改进作出公正评价的依据；员工在完成本职工作中表现出的能力和潜力，是比学历更重要的评价能力的公正标准。

（公平）

第五十八条　华为奉行效率优先，兼顾公平的原则。我们鼓励每个员工在真诚合作与责任承诺基础上，展开竞争；并为员工的发展，提供公平的机会与条件。每个员工应依靠自身的努力与才干，争取公司提供的机会；依靠工作和自学提高自身的素质与能力；依靠创造性地完成和改进本职工作满足自己的成就愿望。我们从根本上否定评价与价值分配上的短视、攀比与平均主义。

（公开）

第五十九条　我们认为遵循公开原则是保障人力资源管理的公正和公平的必要条件。公司重要政策与制度的制定，均要充分征求意见与协商。抑侥幸，明褒贬，提高制度执行上的透明度。我们从根本上否定无政府、无组织、无纪律的个人主义行为。

（人力资源管理体制）

第六十条　我们不搞终身雇佣制，但这不等于不能终身在华为工作。我们主张自由雇佣制，但不脱离中国的实际。

（内部劳动力市场）

第六十一条　我们通过建立内部劳动力市场，在人力资源管理中引入竞争和选择机制。通过内部劳动力市场和外部劳动力市场的置换，促进优秀人才的脱颖而出，实现人力资源的合理配置和激活沉淀层。并使人适合于职务，使职务适合于人。

（人力资源管理责任者）

第六十二条　人力资源管理不只是人力资源管理部门的工作，而且是全体管理者的职责。各部门管理者有责任记录、指导、支持、激励与合理评价下属人员的工作，负有帮助下属人员成长的责任。下属人员才干的发挥与对优秀人才的举荐，是决定管理者的升迁与人事待遇的重要因素。

二、员工的义务和权利

(员工的义务)

第六十三条 我们鼓励员工对公司目标与本职工作的主人翁意识与行为。

每个员工主要通过干好本职工作为公司目标做贡献。员工应努力扩大职务视野，深入领会公司目标对自己的要求，养成为他人做贡献的思维方式，提高协作水平与技巧。另一方面，员工应遵守职责间的制约关系，避免越俎代庖，有节制地暴露因职责不清所掩盖的管理漏洞与问题。

员工有义务实事求是地越级报告被掩盖的管理中的弊端与错误。允许员工在紧急情况下便宜行事，为公司把握机会，躲避风险，以及减轻灾情做贡献。但是，在这种情况下，越级报告者或便宜行事者，必须对自己的行为及其后果承担责任。

员工必须保守公司的秘密。

(员工的权利)

第六十四条 每个员工都拥有以下基本权利，即咨询权、建议权、申诉权与保留意见权。

员工在确保工作或业务顺利开展的前提下，有权利向上司提出咨询，上司有责任作出合理的解释与说明。

员工对改善经营与管理工作具有合理化建议权。

员工有权对认为不公正的处理，向直接上司的上司提出申诉。申诉必须实事求是，以书面形式提出，不得影响本职工作或干扰组织的正常运作。各级主管对下属员工的申诉，都必须尽早予以明确的答复。

员工有权保留自己的意见，但不能因此影响工作。上司不得因下属保留自己的不同意见而对其歧视。

三、考核与评价

（基本假设）

第六十五条　华为员工考评体系的建立依据下述假设：

1. 华为绝大多数员工是愿意负责和愿意合作的，是高度自尊和有强烈成就欲望的。

2. 金无足赤，人无完人；优点突出的人往往缺点也很明显。

3. 工作态度和工作能力应当体现在工作绩效的改进上。

4. 失败铺就成功，但重犯同样的错误是不应该的。

5. 员工未能达到考评标准要求，也有管理者的责任。员工的成绩就是管理者的成绩。

（考评方式）

第六十六条　建立客观公正的价值评价体系是华为人力资源管理的长期任务。

员工和干部的考评，是按明确的目标和要求，对每个员工和干部的工作绩效、工作态度与工作能力的一种例行性的考核与评价。工作绩效的考评侧重在绩效的改进上，宜细不宜粗；工作态度和工作能力的考评侧重在长期表现上，宜粗不宜细。考评结果要建立记录，考评要素随公司不同时期的成长要求应有所侧重。

在各层上下级主管之间要建立定期述职制度。各级主管与下属之间都必须实现良好的沟通，以加强相互的理解和信任。沟通将列入对各级主管的考评。

员工和干部的考评实行纵横交互的全方位考评。同时，被考评者有申诉的权利。

四、人力资源管理的主要规范

（招聘与录用）

第六十七条 华为依靠自己的宗旨和文化、成就与机会，以及政策和待遇，吸引和招揽天下一流人才。我们在招聘和录用中，注重人的素质、潜能、品格、学历和经验。按照双向选择的原则，在人才使用、培养与发展上，提供客观且对等的承诺。

我们将根据公司在不同时期的战略和目标，确定合理的人才结构。

（解聘与辞退）

第六十八条 我们利用内部劳动力市场的竞争与淘汰机制，建立例行的员工解聘和辞退程序。对违反公司纪律和因牟取私利而给公司造成严重损害的员工，根据有关制度强行辞退。

（报酬与待遇）

第六十九条 我们在报酬与待遇上，坚定不移向优秀员工倾斜。

工资分配实行基于能力主义的职能工资制；奖金的分配与部门和个人的绩效改进挂钩；安全退休金等福利的分配，依据工作态度的考评结果；医疗保险按贡献大小，对高级管理和资深专业人员与一般员工实行差别待遇，高级管理和资深专业人员除享受医疗保险外，还享受医疗保健等健康待遇。

我们不会牺牲公司的长期利益去满足员工短期利益分配的最大化，但是公司保证在经济景气时期与事业发展良好阶段，员工的人均年收入高于区域行业相应的最高水平。

（自动降薪）

第七十条　公司在经济不景气时期，以及事业成长暂时受挫阶段，或根据事业发展需要，启用自动降薪制度，避免过度裁员与人才流失，确保公司渡过难关。

（晋升与降格）

第七十一条　每个员工通过努力工作，以及在工作中增长的才干，都可能获得职务或任职资格的晋升。与此相对应，保留职务上的公平竞争机制，坚决推行能上能下的干部制度。公司遵循人才成长规律，依据客观公正的考评结果，让最有责任心的明白人担负重要的责任。我们不拘泥于资历与级别，按公司组织目标与事业机会的要求，依据制度性甄别程序，对有突出才干和突出贡献者实施破格晋升。但是，我们提倡循序渐进。

（职务轮换与专长培养）

第七十二条　我们对中高级主管实行职务轮换政策。没有周边工作经验的人，不能担任部门主管。没有基层工作经验的人，不能担任科以上干部。我们对基层主管、专业人员和操作人员实行岗位相对固定的政策，提倡爱一行，干一行；干一行，专一行。爱一行的基础是要通得过录用考试，已上岗的员工继续爱一行的条件是要经受岗位考核的筛选。

（人力资源开发与培训）

第七十三条　我们将持续的人力资源开发作为实现人力资源增值目标的重要条件。实行在职培训与脱产培训相结合，自我开发与教育开发相结合的开发形式。

为了评价人力资源开发的效果，要建立人力资源开发投入产出评价体系。

第五章　基本控制政策

一、管理控制方针

（方针）

第七十四条　通过建立健全管理控制系统和必要的制度，确保公司战略、政策和文化的统一性。在此基础上对各级主管充分授权，造成一种既有目标牵引和利益驱动，又有程序可依和制度保证的活跃、高效和稳定的局面。

（目标）

第七十五条　公司管理控制系统进一步完善的中短期目标是：建立健全预算控制体系、成本控制体系、质量管理和保证体系、业务流程体系、审计监控体系、文档体系以及项目管理系统，对关系公司生存与发展的重要领域，实行有效的控制，建立起大公司的规范运作模式。

（原则）

第七十六条　公司的管理控制遵循下述原则：

分层原则。管理控制必须分层实施，越级和越权控制将破坏管理控制赖以建立的责任基础。

例外原则。凡具有重复性质的例常工作，都应制订出规则和程序，授权下级处理。上级主要控制例外事件。

分类控制原则。针对部门和任务的性质，实行分类控制。对高中层经营管理部门实行目标责任制的考绩控制；对基层作业部门实行计量责任制的定额控制；对职能和行政管理部门实行任务责任制的考事控制。

成果导向原则。管理控制系统对部门绩效的考核，应促使部门主管能够按公司整体利益最大化的要求进行决策。

公司坚决主张强化管理控制。同时也认识到，偏离预算（或标准）的行动未必一定是错误的；单纯奖励节约开支的办法不一定是一种好办法。公司鼓励员工和部门主管在管理控制系统不完善的地方，在环境和条件发生了变化的时候，按公司宗旨和目标的要求，主动采取积极负责的行动。

经过周密策划，共同研究，在实施过程中受到挫折，应得到鼓励，发生的失败不应受到指责。

(持续改进)

第七十七条　部门和员工绩效考核的重点是绩效改进。

公司的战略目标和顾客满意度是建立绩效改进考核指标体系的两个基本出发点。在对战略目标层层分解的基础上确定公司各部门的目标，在对顾客满意度节节展开的基础上，确定流程各环节和岗位的目标。绩效改进考核指标体系应起到牵引作用，使每个部门和每个员工的改进努力朝向共同的方向。

绩效改进考核指标必须是可度量的和重点突出的。指标水平应当是递进的和具有挑战性的。只要我们持续地改进，就会无穷地逼近高质量、低成本和高效率的理想目标。

二、质量管理和质量保证体系

(质量形成)

第七十八条　优越的性能和可靠的质量是产品竞争力的关键。我们认为质量形成于产品寿命周期的全过程，包括研究设计、中试、制造、分销、服务和使用的全过程。因此，必须使产品寿命周期全过程中影响产品质量的各种因素，始终处于受控状态；必须实行全流程的、全员参加的全面质量管理，使公司有能力持续提供符合质量标准和顾客满意的产品。

我们的质量方针是：

1. 树立品质超群的企业形象，全心全意地为顾客服务。

2. 在产品设计中构建质量。

3. 依合同规格生产。

4. 使用合格供应商。

5. 提供安全的工作环境。

6. 质量系统符合 ISO9001 的要求。

（质量目标）

第七十九条 我们的质量目标是：

1. 技术上保持与世界潮流同步。

2. 创造性地设计、生产具有最佳性能价格比的产品。

3. 产品运行实现平均 2000 天无故障。

4. 从最细微的地方做起，充分保证顾客各方面的要求得到满足。

5. 准确无误的交货；完善的售后服务；细致的用户培训；真诚热情的订货与退货。

我们通过推行 ISO9001，并定期通过国际认证复审，建立健全全公司的质量管理体系和质量保证体系，使我们的质量管理和质量保证体系与国际接轨。

三、全面预算控制

（性质与任务）

第八十条 全面预算是公司年度全部经营活动的依据，是我们驾驭外部环境的不确定性，减少决策的盲目性和随意性，提高公司整体绩效和管理水平的重要途径。

全面预算的主要任务是：

1. 统筹协调各部门的目标和活动。

2. 预计年度经营计划的财务效果和对现金流量的影响。

3. 优化资源配置。

4. 确定各责任中心的经营责任。

5. 为控制各部门的费用支出和评价各部门的绩效提供依据。

公司设立多级预算控制体系。各责任中心的一切收支都应纳入预算。

(管理职责)

第八十一条 公司级预算和决算由财经管理委员会审议，由公司总裁批准。公司级预算由财务部负责编制并监督实施和考核实施效果。各级预算的编制和修改必须按规定的程序进行。收入中心和利润中心预算的编制，应按照有利于潜力和效益增长的原则合理确定各项支出水平；成本或费用中心的预算编制，应当贯彻量入为出、厉行节约的方针。

公司以及事业部和子公司的财务部门，应定期向财经管理委员会提交预算执行情况的分析报告。根据预算目标实现程度和预算实现偏离程度，考核财务部预算编制和预算控制效果。

四、成本控制

(控制重点)

第八十二条 成本是市场竞争的关键制胜因素。成本控制应当从产品价值链的角度，权衡投入产出的综合效益，合理地确定控制策略。

应重点控制的主要成本驱动因素包括：

1. 设计成本。

2. 采购成本和外协成本。

3. 质量成本，特别是因产品质量和工作质量问题引起的维护成本。

4. 库存成本，特别是由于版本升级而造成的呆料和死料。

5. 期间费用中的浪费。

（控制机制）

第八十三条 控制成本的前提是正确地核算产品和项目的成本与费用。应当根据公司经营活动的特点，合理地分摊费用。

公司对产品成本实行目标成本控制，在产品的立项和设计中实行成本否决。目标成本的确定依据是产品的竞争性市场价格。

必须把降低成本的绩效改进指标纳入各部门的绩效考核体系，与部门主管和员工的切身利益挂钩，建立自觉降低成本的机制。

五、业务流程重整

（指导思想）

第八十四条 推行业务流程重整的目的是，更敏捷地响应顾客需求，扩大例行管理，减少例外管理，提高效率，堵塞漏洞。

业务流程重整的基本思路是，将推行ISO9001标准与业务流程重整和管理信息系统建设相结合，为公司所有经营领域的关键业务确立有效且简捷的程序和作业标准；围绕基本业务流程，理顺各种辅助业务流程的关系；在此基础上，对公司各部门和各种职位的职责准确定位，不断缩小审批数量，不断优化和缩短流程，系统地改进公司的各项管理，并使管理体系具有可移植性。

（流程管理）

第八十五条 流程管理是按业务流程标准，在纵向直线和职能管理系统授权下的一种横向的例行管理，是以目标和顾客为导向的责任人推动式管理。处于业务流程中各个岗位上的责任人，无论职位高低，行使流程规定的职权，承担流程规定的责任，遵守流程的制约规则，以下道工序为用户，确保流程运作的优质高效。

建立和健全面向流程的统计和考核指标体系，是落实最终成果责任和强化流程管理的关键。顾客满意度是建立业务流程各环节考核指标体系的核心。

提高流程管理的程序化、自动化和信息集成化水平，不断适应市场变化和公司事业拓展的要求，对原有业务流程体系进行简化和完善，是我们的长期任务。

（管理信息系统）

第八十六条　管理信息系统是公司经营运作和管理控制的支持平台和工具，旨在提高流程运作和职能控制的效率，增强企业的竞争能力，开发和利用信息资源，并有效支持管理决策。

管理信息系统的建设，坚持采用先进成熟的技术和产品，以及坚持最小化自主系统开发的原则。

六、项目管理

（必然性）

第八十七条　公司的高速增长目标和高技术企业性质，决定了必须在新技术、新产品、新市场和新领域等方面不断提出新的项目。而这些关系公司生存与发展的、具有一次性跨部门特征的项目，靠已有的职能管理系统按例行的方式管理是难以完成的，必须实行跨部门的团队运作和项目管理。因此，项目管理应与职能管理共同构成公司的基本管理方式。

（管理重点）

第八十八条　项目管理是对项目生命周期全过程的管理，是一项系统工程。项目管理应当参照国际先进的管理模式，建立一整套规范的项目管理制度。项目管理进一步改进的重点是，完善项目的立项审批和项目变更审批、预算控制、进度控制和文档建设。

对项目管理，实行日落法控制。控制项目数量以实现资源有效利用和提高组织整体运作系统。项目完成验收后，按既定程序转入例行组织管理系统。

七、审计制度

（职能）

第八十九条 公司内部审计是对公司各部门、事业部和子公司经营活动的真实性、合法性、效益性及各种内部控制制度的科学性和有效性进行审查、核实和评价的一种监控活动。

公司审计部门除了履行财务审计、项目审计、合同审计、离任审计……基本内部审计职能外，还要对计划、关键业务流程及主要管理制度等关系公司目标的重要工作进行审计，把内部审计与业务管理的进步结合起来。

（体系）

第九十条 公司实行以流程为核心的管理审计制度。在流程中设立若干监控与审计点，明确各级管理干部的监控责任，实现自动审计。

我们坚持推行和不断完善计划、统计、审计既相互独立运作，又整体闭合循环的优化再生系统。这种三角循环，贯穿每一个部门，每一个环节和每一件事。在这种众多的小循环基础上组成中循环，由足够多的中循环组成大循环。公司只有管理流程闭合，才能形成管理的反馈制约机制，不断地自我优化与净化。

通过全公司审计人员的流动，促进审计方法的传播与审计水平的提高。形成更加开放、透明的审计系统，为公司各项经营管理工作的有效进行提供服务和保障。

（权限）

第九十一条 公司审计机构的基本权限包括：

1. 直接对总裁负责并报告工作，不受其他部门和个人的干涉。

2. 具有履行审计职能的一切必要权限。

八、事业部的控制

（方针）

第九十二条　事业部管理方针是：

1. 有利于潜力的增长。

2. 有利于效益的增长。

3. 有利于公司组织与文化的统一性。

（绩效考核）

第九十三条　事业部是利润中心，在公司规定的经营范围内自主经营，承担扩张责任、利润责任和资产责任。

对事业部的考核指标主要为销售收入、销售收入增长率、市场份额和管理利润。考核销售指标的目的是鼓励事业部扩张；考核管理利润的目的是兼顾扩张、效益和资产责任。公司将按照对各事业部的不同发展要求，通过调节与事业部销售收入、销售收入增长率和管理利润各部分挂钩的利益分配系数，影响事业部的经营行为。

事业部的全部利润由公司根据战略和目标统一分配。

（自主权）

第九十四条　我们的方针是，只要符合事业部控制的“三个有利于”原则，就对之实行充分的授权。

事业部总经理的自主权主要包括：预算内的支出决定权和所属经营资源支配权，以及在公司统一政策指导下的经营决策权、人事决定权和利益分配权。

（控制与审计）

第九十五条 公司对事业部的控制与审计主要包括：

1. 事业部的总经理、财务总监、人力资源总监、审计总监由公司任免。

2. 依据经过批准的带来部预算对事业部的收支进行总量控制。

3. 公司统一融资，事业部对资金实行有偿占用。

4. 对现金实行集中管理，事业部对自身的现金流量平衡负责。

5. 事业部定期向公司财经管理委员会提交财务绩效报告。

6. 公司审计部对事业部履行审计职能。

(服务型事业部)

第九十六条 服务型事业部的职能是以低利方式提供内部服务，以促进整体扩张实力。内部运作实行模拟市场机制。

(联利计酬)

第九十七条 事业部实行按虚拟利润联利计酬的报酬制度。在事业部的报酬政策上，公司遵循风险和效益与报酬对等的原则。

九、危机管理

(危机意识)

第九十八条 高技术的刷新周期越来越短，所有高科技企业的前进路程充满了危机。华为公司由于成功，公司组织内部蕴含的危机也越来越多，越来越深刻。我们应该看到，公司处于危机点时既面临危机又面临机遇。危机管理的目标就是变危险为机遇，使企业越过陷阱进入新的成长阶段。

(预警与减灾)

第九十九条 公司应建立预警系统和快速反应机制，以敏感地预测和感知由竞争对手、客户、供货商及政策法规等造成的外部环境的细微但重大的变化，处理公司高层领导不测事件和产品原因造成的影响公司形象的重大突发事件。

第六章　接班人与基本法修改

（继承与发展）

第一百条　华为经年积累的管理方法和经验是公司的宝贵财富，必须继承和发展，这是各级主管的责任。只有继承，才能发展；只有量变的积累，才会产生质变。承前启后，继往开来，是我们的事业兴旺发达的基础。

（对接班人的要求）

第一百零一条　进贤与尽力是领袖与模范的区别。只有进贤和不断培养接班人的人，才能成为领袖，成为公司各级职务的接班人。

高、中级干部任职资格的最重要一条，是能否举荐和培养出合格的接班人。不能培养接班人的领导，在下一轮任期时应该主动引退。仅仅使自己优秀是不够的，还必须使自己的接班人更优秀。

我们要制度化地防止第三代、第四代及以后的公司接班人腐化、自私和得过且过。当我们的高层领导人中有人利用职权谋取私利时，就说明我们公司的干部选拔制度和管理出现了严重问题，如果只是就事论事，而不从制度上寻找根源，那我们距离死亡就已经不远了。

（接班人的产生）

第一百零二条　华为公司的接班人是在集体奋斗中从员工和各级干部中自然产生的领袖。

公司高速成长中的挑战性机会，以及公司的民主决策制度和集体奋斗文化，为领袖人才的脱颖而出创造了条件；各级委员会和各级部门首长办公会议，既是公司高层民主生活制度的具体形式，也是培养接班人的温床。要在实践中培养人、选拔人和检验人。要警惕不会做事却会处世的人受到重用。

我们要坚定不移地向第一、二代创业者学习。学习他们在思想上的艰苦奋斗精神，勇于向未知领域探索；学习他们的团队精神和坦荡的胸怀，坚持和不断完善我们公正合理的价值评价体系；学习他们强烈的进取精神和责任意识，勇于以高目标要求和鞭策自己；学习他们实事求是的精神，既具有哲学、社会学和历史学的眼界，又具有一丝不苟的工作态度。走向世界，实现我们的使命，是华为一代一代接班人矢志不渝的任务。

(基本法的修订)

第一百零三条 每十年基本法进行一次修订。修订的过程贯彻从贤不从众的原则。

在管理者、技术骨干、业务骨干、基层干部中推选出10%的员工，进行修改的论证，拟出清晰的提案。

然后从这10%的员工中，再推选20%的员工，与董事会、执行委员会一同审议修改部分的提案。并将最终的提案公布，征求广大员工意见。

最后，由董事会、执行委员会、优秀员工组成三方等额的代表进行最终审批。

《基本法》是公司宏观管理的指导原则，是处理公司发展中重大关系的对立统一的度。其目的之一是培养领袖。高、中级干部必须认真学习《基本法》，领会其精神实质，掌握其思想方法。

1998年3月23日于明华国际会议中心

（来源：http：//baike.baidu.com/view/398119.htm）

[1] 张振祥. 企业健康管理手册. 中鼎营销咨询，2009.

[2] 侯胜田. 绿海战略. 清华大学出版社.

[3] 侯胜田，张振祥. 医药营销案例点评. 中国医药科技出版社.

[4] 高志彪. 国美内乱的症结剖析. 中小企业管理与科技，2010（9）.

[5] 杨艾祥. 马云再创造. 中国发展出版社.

[6] 吴晓波. 大败局. 浙江人民出版社.

[7] 陈新平，何兵. 企业经营自我诊断. 中国物资出版社.

[8] 吴晓波. 跌荡一百年. 中信出版社.

[9] 吴晓波. 激荡三十年. 中信出版社，浙江出版社.

[10] 余海胜.草莽生长.浙江大学出版社.

[11] 唐山雨. 李彦宏的专注智慧. 浙江大学出版社.

[12] [美] 艾博思·迈克尔，P. 克鲁斯著. 赵伟韬译. 统一报告. 格致出版社，上海人民出版社.

[13] [美] 迈克尔·哈默. 企业行动纲领. 中信出版社.

[14] 吴晓波. 大败局（二）. 浙江人民出版社.

[15] 郑作时. 天下没有难做的生意. 浙江人民出版社.

[16] 冯伦. 野蛮生长. 中信出版社.

[17] 石滋宜. 经营 DNA. 中国社会科学出版社.

[18] 郭凡生. 中国模式. 北京大学出版社.

[19] 健修. 生态力. 中国纺织出版社.

[20] 张维迎. 市场的逻辑. 世纪出版集团，上海人民出版社.

[21] 吴敬琏，樊纲，刘鹤，林毅夫，易纲，许善达，吴晓灵. 中国中长期经济增长与转型. 中国经济出版社.

[22] [美] 艾·里斯，杰克·特劳特著. 谢伟山，苑爱冬译. 定位. 机械工业出版社.

[23] [美] 托马斯·弗里德曼著. 何帆，肖莹莹，郝正非译. 世界是平的.湖南科学技术出版社.

[24] 张兴龙. 张瑞敏的儒商智慧. 浙江大学出版社.

[25] 高志彪. 企业健康管理刻不容缓——访中国企业健康管理第一人张振祥. 中小企业管理与科技，2010（1）.

[26] 牟其中. 第一张私营企业执照诞生记. 南德集团网站.

[27] 张华，王坤祚. 牟其中狱中岁月. 南方周末.

[28] 朱彦. 民企“教父”，一个时代的终结. 信报.

[29] 陈宁远. 李途纯的运气不可复制. 东方网.

[30] 吕静莲，刘棋. 太子奶事件调查. 南方都市报.

[31] 太子奶：标王 + 对赌 = 民营企业家成败史. 中国经济周刊.

[32] 太子奶破产原因. http://www.huanqiu.com.

[33] 太子奶破产重组. http://finance.ifeng.com/news/special/zjtzn/20100414/.

［34］李宁惊梦. 环球企业家.

［35］李宁为何败走西班牙. 第一财经日报.

［36］岳淼. 李宁还有救吗. 环球企业家.

［37］朱光强. 五谷道场的衰落之谜. 华夏时报.

［38］贾华杰. 总部离京王中旺迷踪，传五谷道场申请破产. 华夏时报.

［39］旭日升：变革的痛与思. 芳草寸心的博客.

［40］李素丽. “中国塑料大王”突发停产之谜. 大河报.

［41］阿尔卡特：被轻视的困难. 北斗社区.

［42］总裁在线：三九集团总裁赵新先新浪聊天实录. 新浪科技，2003-11-13.

［43］李卉. 专访刘永好——“做企业就像孤岛生存游戏”. 外滩画报.

［44］萧然. 马云谈卫哲离职事件：我是在治疗癌症. 新浪科技.

［45］王长胜，张刚. 马云透“杀卫哲”内幕. 中国企业家杂志.

［46］申鑫，刘尧. 把 5 块钱生意做成 25 亿的“贵州首富”陶华碧. 理财周报.

［47］张锐. 李宁公司的品啤之囧. 价值中国网.

［48］李宁品牌重塑：“哥凌乱了”. 中国企业家网.

［49］张军、张爱丽. 王传福的“传奇”. 羊城晚报，2010-7-13.

［50］玖龙纸业董事长张茵：“中国版的阿信”. http：//www.induct.com.cn. 2011-01-19.

［51］李彦宏——五个“恰好”办百度. 中国创业投资网.

［52］百度 CEO 李彦宏的企业故事. 英讯网络科技.

［53］李彦宏. 专注才能更好地生存. 中国青年杂志.

［54］吴萍. 瀛海威：Internet 先烈. 计算机世界，1998 (26).

［55］解读阿里巴巴：解构的旧十年. 结构的新十年. 商务周刊. 2009-09-10.

［56］《中国互联网状况》白书皮.

——“蛮荒”中蹚出的健康之路

中国民营企业的崛起是计划外产物，是民间创业精神对公有制垄断的经济主体和意识形态的突破和挑战，是中国既定法律法规无法解释和支持的市场活动，是传统政治家、经济学家和思想家未曾定义和规范的经济现象。因此，民营企业的成长过程始终显得缺乏章法和路径引导，经常让监管者和执政者显得被动、惊恐和张皇失措。政府对民营企业的承认、包容和支持意味着对执政理念的修正和对利益格局的重新定义和梳理。罪与原罪，法与非法，改革或者修正，开放还是倒退，企业家和监管人都在类似地雷阵的高风险区蹒跚前行。在此过程中，多数企业由于先天缺乏营养被竞争淘汰，部分企业则因为误蹚雷区，不幸阵亡，少数适应性、免疫力更强的企业历经磨难成为剩者英雄。我们从企业微观层面姑且称为健康企业，如果放在更大的范围做宏观分析，或许会发现，不健全的法治环境、不成熟的企业生态、不健康的社会文化与经济氛围才是企业患病与夭折的无形杀手。

迄今为止，无论民主社会还是市场经济都仍然是政治家、经济学家对既有社会状况的解释和对未来社会的期许。没有稳定的社会秩序就谈不上企业乃至宏观经济的持续发展；没有完善的法治环境就谈不上符合法定语境的是非对错；没有改革开放的政策与实践，就谈不上企业健康和企业家精神。

古人云，沉舟侧畔千帆过，病树前头万木春，受职业精神和强烈的使命感驱使，我斗胆敲动键盘启动了这一几乎承担不起的任务——写一本“剩者英雄”的所谓健康企业案例，为创业群体寻找企业健康、持续发展的基因和钥匙。本书与我即将完稿的《企业健康管理手册》和《企业健康管理教程》共同构成我的企业健康管理三部曲，期望成为企业管理升级和战略决策的参考工具。如果说“健康生存”是中国企业界对企业生存与发展模式的拓展与创新，那么，研究并复制这种模式背后的“健康管理”体系或机制则成为当代管理人及管理服务机构不可推卸的责任和使命。值得向读者建议的是，本书与《大败局》及《大败局Ⅱ》对照去读更有震撼力和戏剧感，更能激发我们对建立企业健康机制的向往和探索。在此特别感谢吴晓波先生，他在企业失败案例研究中所做的奉献与探索激励着我顶着生活及种种压力坚持完成这项本没有资格完成的任务。

本书写作过程得到了我的家人的包容和支持，读初中的女儿 Amy 常常抢先成为第一读者并作为“90 后”的代表提出看法和意见，我的夫人李国雪女士和七十高龄的岳父顶着寒风在私立诊所里挣钱养家，而我则在阳光四溢的写字楼里为前途未卜的文字敲击键盘。本书成稿过程参考、引用了图书、论文和网络文章，对这些作者表示感谢。特别需要提出的是，吴晓波先生的《激荡三十年》、《大败局》，冯仑所著《野蛮生长》，郭凡生的《中国模式》，中国中小企业协会、国家发改委中小企业司与社科院中小企业研究中心等单位合编的《中国中小企业发展报告》为本书背景内容和叙事基调提供了非常有力的借鉴和帮助，在此特别致谢。两年多来，我的咨询客户——河北中小企业培训中心、北京诺舟咨询、河北龙海药业、河北诚实实业集团和石家庄功倍重机有限公司在工作上给予的莫大支持，保证了我的研究工作不曾因经济原因而放弃和中断，感激之心无以言表。受时间和人手所限，本书在创作过程中不排除有引自互联网但未找到原文作者或出处的资讯内容，如有疏忽未能及时联系，请主动联系我，以便致谢。

张振祥

2012 年 6 月 1 日于石家庄